世界のふしぎ

なぜ？どうして？

監修 筑波大学教授 伊藤純郎

高橋書店

はじめに

家族《かぞく》みんなで、ごはんを食《た》べる。
学校《がっこう》の授業《じゅぎょう》を受《う》け、つくえで本《ほん》を読《よ》む。
宿題《しゅくだい》をすませて、おふろに入《はい》って、ねる。
これって、毎日《まいにち》あたりまえにしていることですよね。
でもじつは、世界《せかい》にすむ人《ひと》みんなが、こんな生活《せいかつ》を送《おく》っているわけではありません。
それぞれの国《くに》や地《ち》いきでくらしのルールや文化《ぶんか》はちがいます。
学校《がっこう》に給食《きゅうしょく》や宿題《しゅくだい》がない国《くに》。勉強《べんきょう》よりも宗教《しゅうきょう》を大切《たいせつ》にする国《くに》。
みんなでルールを守《まも》ってくらすことよりも、ひとりひとりの生《せい》

活《かつ》を大切《たいせつ》にする国《くに》。本当《ほんとう》にいろいろな国《くに》があります。
どうして、こんなにちがうのでしょうか？
この本《ほん》では、こうしたなぞについて考《かんが》えるために、世界《せかい》のさまざまな人《ひと》びとのくらしや考《かんが》え方《かた》、世界《せかい》のしくみやなりたちについて、たくさんしょうかいしています。
今《いま》いっしょに生《い》きている、世界《せかい》の人《ひと》びとに思《おも》いをめぐらせながら、この本《ほん》を読《よ》んでくれるとうれしいです。

筑波大学教授《つくばだいがくきょうじゅ》　伊藤《いとう》　純郎《じゅんろう》

もくじ

はじめに

世界《せかい》のふしぎ

くらしのふしぎ

ふしぎのふしぎ

国《くに》のふしぎ

平和《へいわ》のふしぎ

・本書の内容は、世界についてのさまざまな論のうちのひとつを採用し、制作しています。また本文中の表現は、世界の文化・社会・歴史などをわかりやすく表現するために一部脚色しております。

・本書の情報は基本的に、２０１８年３月現在のものです。

執筆協力：澤田憲

編集協力：清水あゆこ

ブックデザイン：辻中浩一
内藤万起子
吉田帆波（ウフ）

エディトリアルアートディレクション：
辻中浩一

DTP：エムアンドケイ

校正：鷗来堂

イラスト：赤澤英子
フクイサチヨ
なかさこかずひこ！
メイヴ

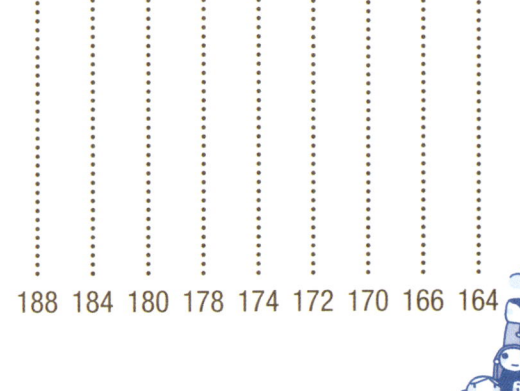

世《せ》界《かい》のふしぎ

世界《せかい》って、なに？

みんなのくらす家《いえ》や
町《まち》が集《あつ》まり、
多《おお》くの国《くに》が
集《あつ》まって、
この世界《せかい》は
つくられて
います。
でも
「世界《せかい》」は

それだけ
ではありません。
人間《にんげん》の世界《せかい》だけでなく
動物《どうぶつ》の世界《せかい》、虫《むし》の世界《せかい》、植物《しょくぶつ》の
世界《せかい》など、さまざまな小《ちい》さな世界《せかい》が
集《あつ》まって「世界《せかい》」はできています。
さらには、地球《ちきゅう》だけでなく
月《つき》、太陽《たいよう》、宇宙《うちゅう》までもが
この「世界《せかい》」の一部《いちぶ》なのです。
自分《じぶん》と、自分《じぶん》のまわりにある
すべてのもの。これが世界《せかい》です。

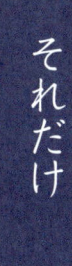

世界《せかい》は、どれくらい広《ひろ》いの？

目《め》をつぶって、うんと広《ひろ》いところを思《おも》いうかべてみてください。できましたか？

それが、みんなの「世界《せかい》の広《ひろ》さ」です。

世界《せかい》の広《ひろ》さは、人《ひと》によってちがいます。たとえば小学校《しょうがっこう》の校庭《こうてい》は、小学《しょうがく》1年生《ねんせい》にとっては広《ひろ》く感《かん》じます。でも、さまざまな町《まち》を旅《たび》して帰《かえ》ってきた大人《おとな》が見《み》ると、ほかの広《ひろ》い場所《ばしょ》を多《おお》く知《し》っているため、同《おな》じ校《こう》庭《てい》でもせまく感《かん》じます。

イエエイ
あーうー
（ママが世界《せかい》の
すべてです）
ぼくの
世界《せかい》は
この学校《がっこう》だ！

はじめは家《いえ》や学校《がっこう》の中《なか》が、世界《せかい》のすべて。
でも、いろいろなことをけいけんするたびに、
自分《じぶん》の世界《せかい》はどんどん広《ひろ》がっていくのです。

世界《せかい》は
小《ちい》さくみえるなあ

もしもみんなが大《おお》きくなっていろいろな国《くに》や場《ば》所《しょ》に出《で》かけるようになったら、「地球《ちきゅう》ってせまいなあ」と思《おも》うかもしれません。

むむっ、こんな
生《い》き物《もの》がいたとは!
世界《せかい》は
まだまだ広《ひろ》い…
WORLD RECORD
Hello!!

「世界《せかい》のはて」は、どこにあるの？

では、さがしてみましょう。

あれ、
まだ
行《い》けちゃう？
北極《ほっきょく》

アフリカの島国《しまぐに》
カーボヴェルデ共和国《きょうわこく》
ハハハッ
は？ うちの国《くに》の世界地図《せかいちず》だと、ここはまんなかあたりだよ
ここが世界《せかい》のはてかあ！
NORTH
WEST
EAST
SOUTH
ココ
日本
世界

ズコーッ

南極大陸《なんきょくたいりく》

世界《せかい》に「はて」はない!?

「はて」とは、はしの場所《ばしょ》という意味《いみ》です。地図《ちず》には「はしっこ」がありますが、じっさいの地球《ちきゅう》は丸《まる》いので、地図《ちず》にはかかれていない先《さき》にも世界《せかい》はつづいていて、おわりはありません。自分《じぶん》にとっての世界《せかい》のはては、だれかにとっての世界《せかい》の中心《ちゅうしん》。つまり、だれもがみとめる「世界《せかい》のはて」は、どこにもないのです。

世界《せかい》のふしぎ

世界《せかい》には、どれくらいの人《ひと》がいるの？

なんと75億人《おくにん》ほどもいます。これは、どれほど多《おお》い数《かず》なのでしょうか。

しらべるために、小《ちい》さな点《てん》をたくさんかいてみました。虫《むし》めがねで見《み》てみてください。

こんなふうに点《てん》をかいていくと、左右《さゆう》のページいっぱいで24万《まん》８６４０こになります。

75億《おく》というと、この点《てん》が6万《まん》329ページまでつづく計算《けいさん》で、この本《ほん》315冊分《さつぶん》ほどになってしまいます。ものすごい数《かず》ですね。

これほどたくさんの人《ひと》が、この世界《せかい》にくらしているのです。

人間《にんげん》は、毎日《まいにち》35万人以上《まんにんいじょう》生《う》まれ、15万人以上《まんにんいじょう》が毎日死《まいにちし》んでいく、といわれます。このため世界《せかい》にいる人《ひと》の数《かず》は、1分《ぷん》に153人《にん》、1日《にち》で22万人《まんにん》、1年《ねん》で8000万人《まんにん》ほどのペースで、今《いま》もどんどんふえつづけているのです。

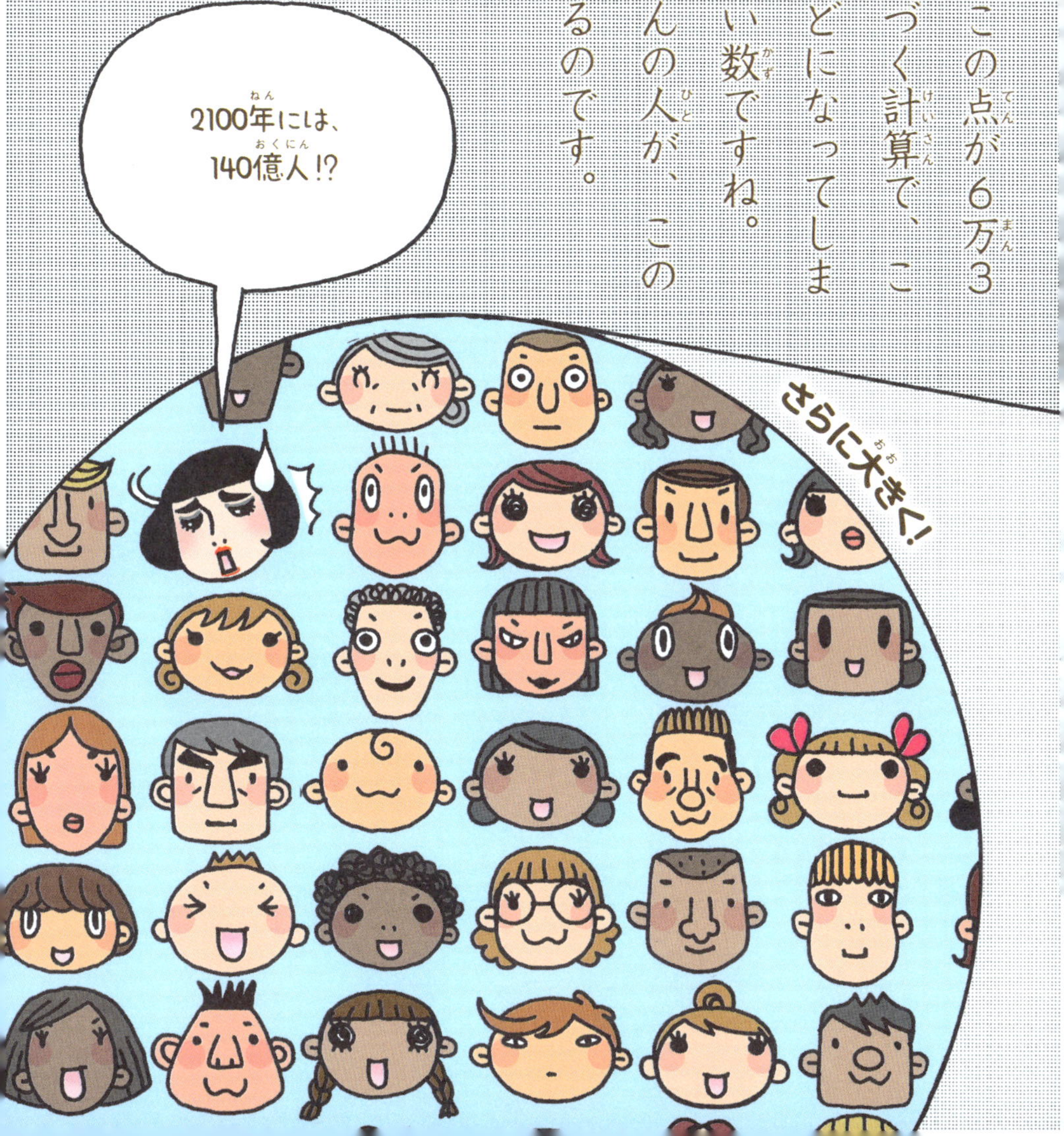

なぜ人《ひと》によって、目《め》やはだの色《いろ》がちがうの？

目《め》やはだの色《いろ》がちがうのは、体《からだ》の中《なか》にある「メラニン」の量《りょう》が人《ひと》によってちがうからです。メラニンとは、はだの下《した》でつくられる「色《いろ》のもと」のこと。メラニンは茶色《ちゃいろ》い色《いろ》をしているので、メラニンが多《おお》い人《ひと》ほど、はだやかみの毛《け》、目《め》の色《いろ》が黒《くろ》っぽくなります。反対《はんたい》に、少《すく》ない人《ひと》ほど、はだは白《しろ》く、かみの毛《け》は金色《きんいろ》に、目《め》の色《いろ》は青《あお》くなります。

ではなぜ、人《ひと》によって、メラニンの量《りょう》がちが

わたしたちはメラニン。
太陽《たいよう》の光《ひかり》のなかにある
紫外線《しがいせん》という
はだやかみの毛《け》を
きずつける光《ひかり》から
体《からだ》を守《まも》っています。

うのでしょうか。それはくらしている場所《ばしょ》によって、体《からだ》にあびる太陽《たいよう》の光《ひかり》の量《りょう》がちがうから。じつはメラニンには、太陽《たいよう》の光《ひかり》から体《からだ》を守《まも》るという、とても大切《たいせつ》なやくわりがあるのです。

この人《ひと》たちのご先祖《せんぞ》さまは、
紫外線《しがいせん》が弱《よわ》いところにすんでいたから
メラニンはそんなにいらなかったの

この人《ひと》たちのご先祖《せんぞ》さまは、
地球上《ちきゅうじょう》でいちばん太陽《たいよう》の光《ひかり》が強《つよ》い、
赤道《せきどう》の近《ちか》くにすんでいたわ。
だから、メラニンをたくさんふやして、
はだを守《まも》ったのよ！

こうしてヒトは世界《せかい》に広《ひろ》がった！

人間《にんげん》ははだの色《いろ》も目《め》の色《いろ》もさまざまですが、もともとは、サルのなかまから進化《しんか》した1しゅるいの動物《どうぶつ》にすぎません。その動物《どうぶつ》「ヒト」は、20万年前《まんねんまえ》にアフリカで生《う》まれ、長《なが》い時間《じかん》をかけて世界各地《せかいかくち》に広《ひろ》がり、それぞれの場所《ばしょ》に合《あ》わせて、少《すこ》しずつ体《からだ》の形《かたち》や色《いろ》を変《か》えていきました。

寒《さむ》すぎ！
こっちに食《た》べ物《もの》があるぞ！
じーん
遠《とお》くまできたな～

3000年前《ねんまえ》

3000年前《ねんまえ》までに、オセアニアの小《ちい》さな島《しま》にも広《ひろ》がります。

9000年前《ねんまえ》

南《みなみ》アメリカのいちばん南《みなみ》の場所《ばしょ》までたどりつきました。

やがて「ヒト」は、それぞれたどりついた土地《とち》で長《なが》くくらすようになります。そのあいだ、少《すこ》しずつすがたが変《か》わっていき、さらに長《なが》い時間《じかん》をかけて、その子孫《しそん》にもとくちょうが受《う》けつがれていったのです。

1万《まん》4000年前《ねんまえ》

アジア大陸《たいりく》から北《きた》をまわって、アメリカ大陸《たいりく》に上陸《じょうりく》しました。

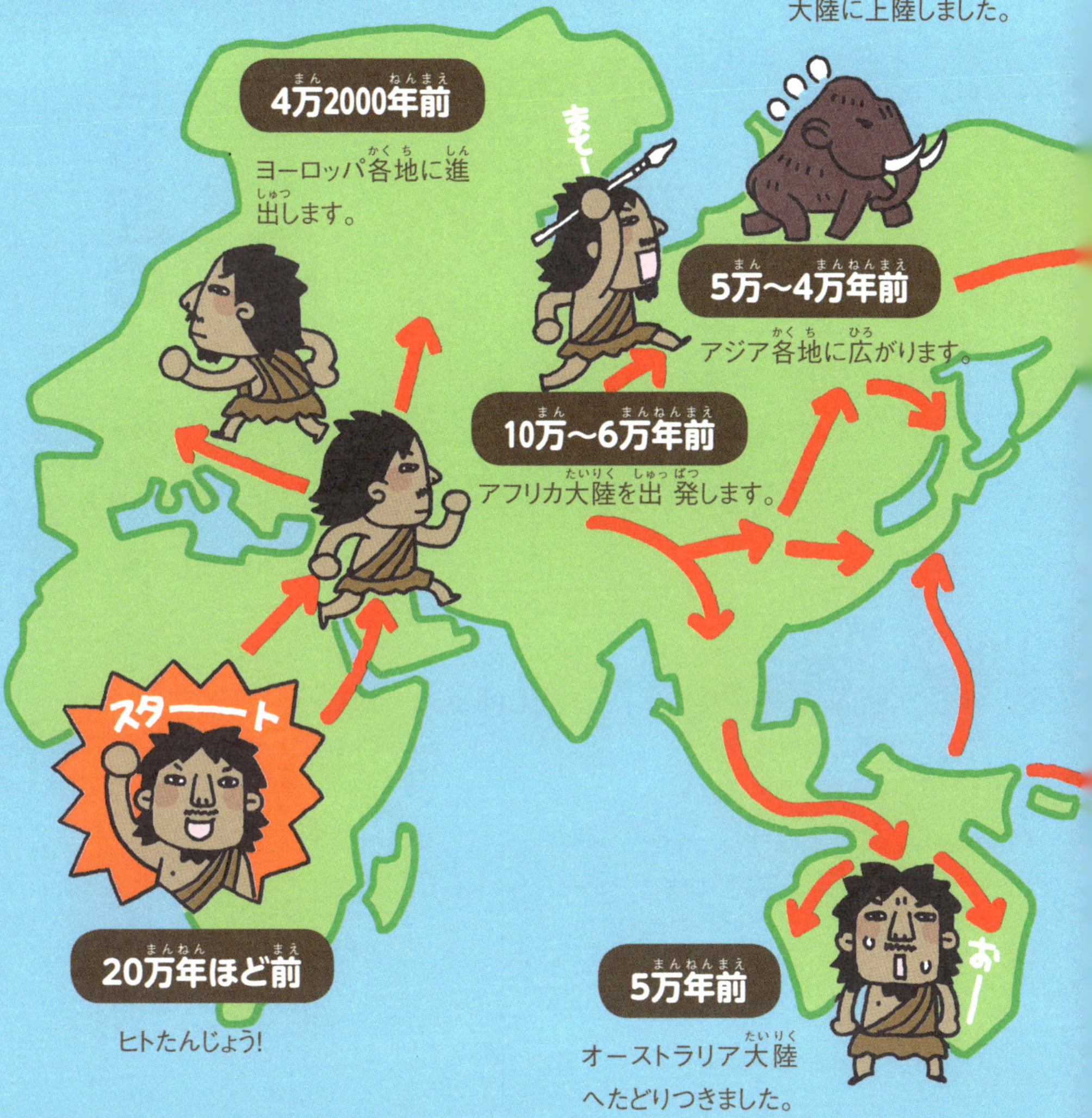
4万《まん》2000年前《ねんまえ》
ヨーロッパ各地《かくち》に進出《しんしゅつ》します。
まてー
5万《まん》〜4万年前《まんねんまえ》
アジア各地《かくち》に広《ひろ》がります。
10万《まん》〜6万年前《まんねんまえ》
アフリカ大陸《たいりく》を出発《しゅっぱつ》します。
スタート
20万年《まんねん》ほど前《まえ》
ヒトたんじょう!
5万年前《まんねんまえ》
オーストラリア大陸《たいりく》へたどりつきました。
おー

世界《せかい》のふしぎ

じゃあ、同《おな》じ国《くに》の人《ひと》はみんなにているの？

そうともかぎりません。1万年《まんねん》ほど前《まえ》から、人《ひと》びとはその土地《とち》でとれる食《た》べ物《もの》を食《た》べ、自分《じぶん》たちの言葉《ことば》を話《はな》してくらしていました。そうしてできた、同《おな》じような文化《ぶんか》や言葉《ことば》をもつ人《ひと》のグループは「民族《みんぞく》」とよばれます。

しかし今《いま》から1700年《ねん》

アイヌです！
日本
日本《にほん》にも
たくさんの民族《みんぞく》がくらすよ！
北海道《ほっかいどう》や沖縄《おきなわ》には、どくとくの文化《ぶんか》を
もつ人《ひと》たちがいるんだ
200をこえる
民族《みんぞく》がくらしているよ
新聞《しんぶん》は40か国《こく》以上《いじょう》の
言葉《ことば》で出《で》ているよ
カナダ

ほど前《まえ》になると、べつの土地《とち》に食料《しょくりょう》をさがしにいったり、ほかの民族《みんぞく》とあらそったり、戦争《せんそう》からにげたりするため、さまざまな民族《みんぞく》が世界《せかい》にちらばるようになりました。

　こうして今《いま》ではほとんどの国《くに》で、たくさんの民《みん》族《ぞく》がくらすようになったのです。

スラブ民族《みんぞく》は平和《へいわ》な土地《とち》をさがして、ヨーロッパを移動《いどう》したの
チェコ
ロシア
シリア
ウクライナ
トルコ
イラン
クルド人《じん》はむかしから中東《ちゅうとう》にいるけど、今《いま》はいろんな国《くに》にわかれちゃった

何百年《なんびゃくねん》ものあいだに、ほかの民族《みんぞく》とけっこんしたり、言葉《ことば》やくらしが変《か》わったりして、今《いま》では人《ひと》を民族《みんぞく》というくくりで分《わ》けられないことも多《おお》くあります。

民族《みんぞく》と民族《みんぞく》が出会《であ》うとき…

海《うみ》にへだてられていた土地《とち》や、山《やま》や森《もり》のおくにすむ人《ひと》びとは、何千年《なんぜんねん》もその土地《とち》で平和《へいわ》にくらしていました。でも、ほかの国《くに》から人《ひと》びとがやってきて、生活《せいかつ》が大《おお》きく変《か》わってしまった人《ひと》も多《おお》くいます。

海《うみ》の向《む》こうから船《ふね》がやってきました。
やってきたアー民族《みんぞく》
あっ!
おい、あそこに人《ひと》がいるぞ!
ここはおれたちのものだ! したがえ!
数百年後《すうひゃくねんご》、この土地《とち》を支配《しはい》していた国《くに》が、なかなおりを申《もう》し出《で》ました。
いままでごめん。これからはぼくらが守《まも》ります!
ペコリ
おわびのプレゼント

病気《びょうき》でぜつめつした民族《みんぞく》も

アルゼンチンにいたセルクナム族《ぞく》のようにほかの国《くに》の人《ひと》びとに病気《びょうき》をうつされ、ぜつめつするようなこともあります。

もともといたイー民族《みんぞく》
なんか来《き》た
!?

イー民族《みんぞく》もていこうしますが、武器《ぶき》を持《も》ったアー民族《みんぞく》にはかなわず、つれていかれたりころされたりしました。
好《す》きにさせてたまるか!

洋服《ようふく》ゲット!
家《いえ》ゲット!
おいしい食《た》べ物《もの》やお酒《さけ》もゲット!
LOVE

もともといたイー民族《みんぞく》のくらしぶりはよくなりましたが、ちがう問題《もんだい》も出《で》てきました。

はたらくの、めんどくさ〜い
太《ふと》るけどやめられん
使《つか》ってた言葉《ことば》わすれちゃった
LOVE

やってきた人《ひと》びととのけっこんがすすめられ、見《み》分《わ》けがつかなくなりました。
すがたやくらしは変《か》わっても、ご先祖《せんぞ》さまはわすれません

戦争《せんそう》や、国内《こくない》でのあらそいが起《お》きました。
もらった武器《ぶき》でオレが国《くに》を支配《しはい》するぞ
なに!オレにやらせろ!

やってみよう

さまざまな人《ひと》がいっしょにくらすにはどうすればよいでしょうか。選挙《せんきょ》をおこなって、もといた民族《みんぞく》の国《くに》をつくるという方法《ほうほう》もあります。ただし、ほかの国《くに》の人《ひと》もすでにそこでくらしているため、なかなかうまく進《すす》んでいません。みんなもぜひ考《かんが》えてみてください。

みんな、どんな家《いえ》にすんでいるの？

家《いえ》は、雨風《あめかぜ》や寒《さむ》さ、てきから、人《ひと》びとのくらしを守《まも》るものです。

むかしから世界《せかい》では、石《いし》や土《つち》などその土地《とち》でよくとれる材料《ざいりょう》を使《つか》い、その土地《とち》の自然《しぜん》にあわせた家《いえ》がそれぞれつくられてきました。

同《おな》じ国《くに》でも、都市《とし》や町《まち》や村《むら》によってさまざまな家《いえ》があり、それぞれの景色《けしき》をつくりだしています。

土
タイプ
かわきに強《つよ》い！
イエメン
（中東《ちゅうとう》）
赤《あか》い土《つち》をかためて、強《つよ》い日光《にっこう》の下《もと》でほし、レンガにしています。かわいた土地《とち》でもすぐつくれて、おすすめです！
世界《せかい》の家《いえ》をタイプ別《べつ》にしょうかいしましょう！
なぜどう不動産

世界《せかい》の定番《ていばん》!? 5つの家《いえ》タイプ

石タイプ

風《かぜ》に強《つよ》い!

イギリス

大《おお》きな石《いし》を積《つ》みあげてつくります。
石《いし》を四角《しかく》く切《き》ってしっかり積《つ》めば、
風《かぜ》も入《はい》ってこないので、
冬《ふゆ》もあたたかいですよ。

木タイプ

あつさに強《つよ》い!

ブルネイ（東南《とうなん》アジア）

川《かわ》に高《たか》い木《き》の柱《はしら》を立《た》ててつくった家《いえ》です。
風通《かぜとお》しがよくてすずしいんですよ。
日本《にほん》でもむかしこんな家《いえ》が
たてられましたね。

コンクリートタイプ

すべてに強《つよ》い!

NEW
タンザニア（東《ひがし》アフリカ）

かたまりやすい砂《すな》と水《みず》をまぜたセメントという
材料《ざいりょう》をかわかしてつくります。今《いま》はこんな
家《いえ》やビルが世界中《せかいじゅう》にふえています。

しっくいタイプ

雪《ゆき》に強《つよ》い!

ドイツ

しっくいとは、石灰石《せっかいせき》という白《しろ》い石《いし》から
つくられたクリーム。木《き》のわくのあいだに
ぬってかためると、もえにくく水《みず》にも
強《つよ》くなります。

世界《せかい》にはみりょくてきな家《いえ》がほかにもたくさんあります。みんななら、どの家《いえ》に住《す》みたい？

地下に広がる、ひみつきち！

チュニジア（北《きた》アフリカ）

丘《おか》のまんなかに大《おお》きなあなをほって広場《ひろば》にし、そこからあなの部屋《へや》をいくつもつなげています。地下《ち か》のため、夏《なつ》はすずしく冬《ふゆ》はあたたかいです。

台所《だいどころ》
羊《ひつじ》の部屋《へや》
深《ふか》さ10メートル
家族《かぞく》がふえたら土《つち》をほって部屋《へや》をふやせるんだ！
電気《でんき》も通《とお》っていて、テレビも見《み》られるよ

まるでおとぎの国！

イタリア

地中海《ちちゅうかい》にあるこの町《まち》の家《いえ》のかべは、まっしろ！白《しろ》い石《いし》の粉《こな》をねった「しっくい」をかためて、つくられます。

かべが太陽《たいよう》の光《ひかり》をはねかえすから、あつくないよ
ねる部屋《へや》
次もおすすめ！

なぜこんな家《いえ》に？

ヨーロッパでは石灰石《せっかいせき》という白《しろ》い石《いし》がたくさんとれたので、家《いえ》にもよく使《つか》われました。あつい夏《なつ》でも家《いえ》の中《なか》をすずしくするため、こうした白《しろ》い家《いえ》がたてられました。

なぜこんな家《いえ》に？

このあたりはむかし、支配《しはい》する国《くに》がコロコロ変《か》わったので、生活《せいかつ》を守《まも》るために、こうしたあなの家《いえ》にかくれすんでいたようです。

ながめ最高!
インドネシア・ニューギニア島《とう》
病気《びょうき》をうつすカや野生動物《やせいどうぶつ》が来《こ》ないように、高《たか》くしたよ
高《たか》さ30メートル!
木《き》の上《うえ》の家《いえ》です。

セレブな毎日をあなたに
フランス
本物《ほんもの》のおしろにすめちゃいます。
ベッドルームは5つ、お客《きゃく》さまのお部屋《へや》が3つ、地下室《ちかしつ》もあるわよ

岩山《いわやま》に
どうくつをほって、
家《いえ》にしています。
アリの巣《す》みたいに部屋《へや》がつながってる!
トルコ・カッパドキア
迷宮へようこそ!
てきがきても、部屋《へや》につづく道《みち》を石《いし》でふさげば安全《あんぜん》さ!

牛《うし》のふんを使《つか》って
つくった家《いえ》です。
においもしないし、虫《むし》もよってこないよ
ふんは1か月《げつ》でカチカチさ!
タンザニア・マサイ族《ぞく》の村《むら》
お客さまカード
□気になられた物件は…?
(　　)
□購入されますか?
▷はい
▷またこんど
究極のエコハウス

ほかの国《くに》では、どんなごはんを食《た》べているの？

世界《せかい》には、その土地《とち》でとれる肉《にく》や野菜《やさい》、くだものを使《つか》った、おいしい料理《りょうり》がたくさんあります。

くらしとともに育《はぐく》まれた、「ふるさとの味《あじ》」です。

さあ、めしあがれ！

「ムース」とは、アメリカ北部《ほくぶ》のアラスカにすむヘラジカのこと。北国《きたぐに》ではきちょうな肉《にく》として、1万年前《まんねんまえ》から狩《か》りでとられていました。あぶら身《み》が少《すく》なくて、さっぱりとしたお味《あじ》。

アラスカ'Sごはん
ムースステーキ
アメリカだけでなく、カナダやヨーロッパ北部《ほくぶ》でも食《た》べられているよ

メキシコ'Sごはん
タマレ
トウモロコシの粉《こな》をねり、その皮《かわ》でつつんでむした料理《りょうり》。もちもちした食感《しょっかん》で、具《ぐ》に野菜《やさい》や肉《にく》を入《い》れることも。
あついから、からいサルサソースが合《あ》うんだ
ぼくはメキシコだと米《こめ》のようなそんざいさ
フィリピン'Sごはん
シニガン
えだ豆《まめ》のような形《かたち》をした「タマリンド」というくだものを、肉《にく》や玉《たま》ねぎ、トマト、ニンニクなどといっしょににこんだスープ。すっぱくて、すっきりした味《あじ》わい。
あつい日《ひ》でもスイスイ食《た》べられるわよ
えだ豆《まめ》みたいだけど、あまずっぱいの。トロピカルフルーツよ！

これも食《た》べるの？ 世界《せかい》のびっくりな料理《りょうり》たち

外国《がいこく》には、ちょっとおどろくような料理《りょうり》もたくさんあります。ほかの国《くに》の人《ひと》には変《か》わっているように見《み》えますが、その土地《とち》の人《ひと》にとっては、いつものおいしいごはんです。

ほわほわいいにおい!!

コウモリのスープ
（パラオ）

「フルーツバット」という小《ちい》さなコウモリを野菜《やさい》とにこみます。くだものを食《た》べるコウモリなのでいい香《かお》り。味《あじ》はとり肉《にく》に近《ちか》いです。

あま〜い

ミツツボアリ
（オーストラリア）

さばくにすむミツツボアリは、花《はな》のみつをおなかがパンパンになるまでためこみます。だからあまくてえいようたっぷりなんです。

食《く》わずぎらいはいけませんよ

サイコー
やわらか〜い!

カース・マルツゥ
（イタリア）

生《い》きたウジムシが入《はい》ったチーズ。つくるときにわざとハエにたまごをうみつけさせます。ウジムシのおかげで、やわらかい食感《しょっかん》に。

まるで"エビ"

サソリのからあげ
（タイ）

毒《どく》の弱《よわ》いサソリを丸《まる》ごとあげた一品《いっぴん》。毒《どく》は油《あぶら》の熱《ねつ》でなくなるので、食《た》べてもだいじょうぶです。エビやカニの味《あじ》ににています。

うっ……

タコのさしみ
（日本《にほん》）

タコはヒレやウロコのない、ヌメヌメした生《い》き物《もの》。外国《がいこく》では「気《き》持《も》ち悪《わる》くてとても食《た》べられない」「あくまの食《た》べ物《もの》だ」と思《おも》う人《ひと》も。

世界《せかい》の
ふしぎ

外国《がいこく》の子《こ》どもたちは、どんな1日《にち》をすごしているの？

みんなは、どんな毎日《まいにち》をすごしていますか？　朝《あさ》起《お》きて学校《がっこう》に行《い》き、国語《こくご》や算数《さんすう》の勉強《べんきょう》をして家《いえ》に帰《かえ》る。そのあと、友《とも》だちと遊《あそ》んだり、スポーツなどの習《なら》いごとに通《かよ》ったりする人《ひと》もいるかもしれません。

でも外国《がいこく》では、ちょっとちがう毎日《まいにち》を送《おく》っている人《ひと》もいるみたいですよ？

ベトナムの少年《しょうねん》・ルオンの1日《にち》

アルゼンチンの少女《しょうじょ》・ソフィアの1日《にち》

ブータンの少年《しょうねん》・カルマの1日《にち》

7:00

ベトナムでは、午前《ごぜん》に学校《がっこう》へ行《い》く子《こ》と午後《ごご》に学校《がっこう》に行《い》く子《こ》がいます。午前《ごぜん》に行《い》く子《こ》は、授業《じゅぎょう》がはじまる前《まえ》に学校《がっこう》の食堂《しょくどう》で、友《とも》だちといっしょに朝《あさ》ごはんを食《た》べます。

アルゼンチンのパタゴニアには、とても広《ひろ》い草原《そうげん》が広《ひろ》がっています。バスがないので、お兄《にい》さんたちといっしょに馬《うま》に乗《の》って学校《がっこう》に行《い》きます。

ブータンは仏教《ぶっきょう》がとてもさかんな国《くに》。おぼうさんを育《そだ》てる学校《がっこう》が多《おお》くあります。朝起《あさお》きたら、ごはんを食《た》べる前《まえ》に、みんなでお経《きょう》を読《よ》みます。

12:00

ZZZZ

午前《ごぜん》の授業《じゅぎょう》をおえて、給《きゅう》食《しょく》を食《た》べたら、おひるねタイム！　教室《きょうしつ》のゆかやつくえの上《うえ》で、みんなでねます。

う〜ん、こうかな？
そうそうそのちょうしだ

学校《がっこう》では、理科《りか》の時間《じかん》に羊《ひつじ》や牛《うし》の乳《ち》しぼりのしかたなどを習《なら》います。お昼《ひる》になったら、その日《ひ》の授業《じゅぎょう》はおしまいです。

モグ　モグ　モグ　モグ　モグ　モグ

大《おお》きな教室《きょうしつ》にみんなでならんでごはんを食《た》べます。食事《しょくじ》も修行《しゅぎょう》のうちなので、おしゃべりせず静《しず》かに食《た》べています。

17:00

学校《がっこう》がおわってから習《なら》いごとに通《かよ》う子《こ》も多《おお》くいます。

「ボビナム」というベトナム式《しき》のぶじゅつを習《なら》っているよ！

帰《かえ》ったら、家《いえ》でかっているヤギなどのめんどうをみます。

マテ茶《ちゃ》を飲《の》んできゅうけい！

午後《ごご》は、その日《ひ》の午前《ごぜん》に習《なら》ったお経《きょう》や書物《しょもつ》にかんするテストが毎日《まいにち》あります。学校《がっこう》のあとも、ねるまでに毎日《まいにち》２回《かい》おいのりをします。

世界《せかい》には、１日《にち》の半分《はんぶん》は家《いえ》の仕事《しごと》を手伝《てつだ》わなければならない子《こ》、お金《かね》がなくて学校《がっこう》にいけない子《こ》もたくさんいます。みんなにとっての「ふつうの１日《にち》」は、ほかの国《くに》の子《こ》からみれば、とてもとくべつな１日《にち》に思《おも》えるかもしれません。

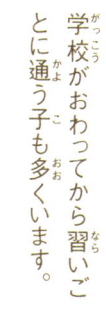

大集合《だいしゅうごう》!

こんな遊《あそ》びが大人気《だいにんき》!

日本《にほん》と同《おな》じような遊《あそ》びもあれば、その国《くに》ならではの遊《あそ》びもあります。どれも、とっても楽《たの》しいので、ぜひやってみてください!

ジンバブエの遊《あそ》び

ゴンドーグルチャワウィーラ

ワシ、めんどりの役《やく》を決《き》めます。のこりはヒヨコになり、めんどりの後《うし》ろにならんで前《まえ》の人《ひと》のこしやかたを持《も》ちます。ワシは「ゴンドーグルチャワウィーラ」と言《い》いながら後《うし》ろにいるヒヨコをねらい、ワシにタッチされたらヒヨコはワシの後《うし》ろにつきます。ヒヨコが全《ぜん》員《いん》つかまったらゲームオーバー!

マレーシアの遊《あそ》び

じゃんけん

グー・チョキ・パーではなく、「岩《いわ》・てっぽう・小鳥《ことり》・水《みず》・板《いた》」の5つの形《かたち》を手《て》でつくって、勝《か》ち負《ま》けを決《き》めます。手《て》を出《だ》すときのかけ声《ごえ》は、「ワン・ツー・ズーム!」。

やってみよう！ 世界《せかい》の遊《あそ》び

スペインの遊《あそ》び

ペレレ

キリスト教《きょう》のお祭《まつ》りでされていた遊《あそ》びで、「ペレレ」は「わら人形《にんぎょう》」という意味《いみ》。布《ぬの》に人形《にんぎょう》をのせてふり上《あ》げ、できるだけ高《たか》く飛《と》ばします。人形《にんぎょう》が地面《じめん》に落《お》ちたらゲームオーバー！

たかーい!!
わあ!!

何売ってるの？
シュカの水！
はっ！
にげなきゃ
ウヒヒヒ…
きたっ!!
つかまえろ!!

グアテマラの遊《あそ》び

シュカの水《みず》

日本《にほん》の「いすとりゲーム」と同《おな》じような遊《あそ》びで、シュカは「きたない」という意味《いみ》。いすにすわる店員《てんいん》たちは、あらかじめシュカの水《みず》を売《う》る人《ひと》をひとりだけ決《き》めておきます。お客《きゃく》さんが、店員《てんいん》たちに「何《なに》を売《う》っていますか？」と順番《じゅんばん》に聞《き》いてまわり、「シュカの水《みず》」と答《こた》えられたらにげます。店員《てんいん》につかまる前《まえ》にいすにすわれたら、お客《きゃく》さんの勝《か》ち！

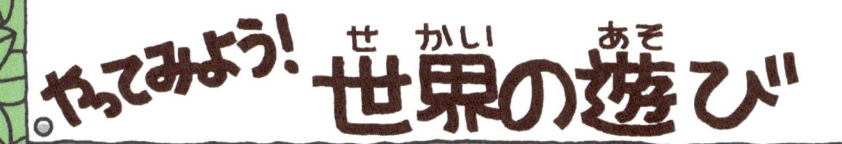

外国《がいこく》の人《ひと》となかよくなるには、どうすればいい？

相手《あいて》が外国《がいこく》の人《ひと》だと、外見《がいけん》や言葉《ことば》や行動《こうどう》が自分《じぶん》とちがうので、話《はな》しかけるのに勇気《ゆうき》がいるかもしれません。でも日本人《にほんじん》どうしだってちがうところはあります。外国《がいこく》の人《ひと》だとそのちがいが大《おお》きいだけ。だからなかよくなるコツは、日本《にほん》の友《とも》だちをつくるコツとほとんど同《おな》じなのです。

だいじなのは、相手《あいて》のちがうところを「ダメだよ」「へんなの」なんて言《い》わず、「そういうのもあるんだ」と受《う》け入《い》れること。あとは、少《すこ》しだけ言葉《ことば》をおぼえて、次《つぎ》のひけつを守《まも》れば、世界中《せかいじゅう》の人《ひと》となかよくなれます。

秘技！人となかよくなる三天忍法!!

ニコニコの術《じゅつ》

はじめて会《あ》う人《ひと》の前《まえ》できんちょうするのは、相手《あいて》も同《おな》じ。まずは「なかよくなりたい！」という気持《きも》ちをえがおで伝《つた》えるべし。

グイグイの術《じゅつ》

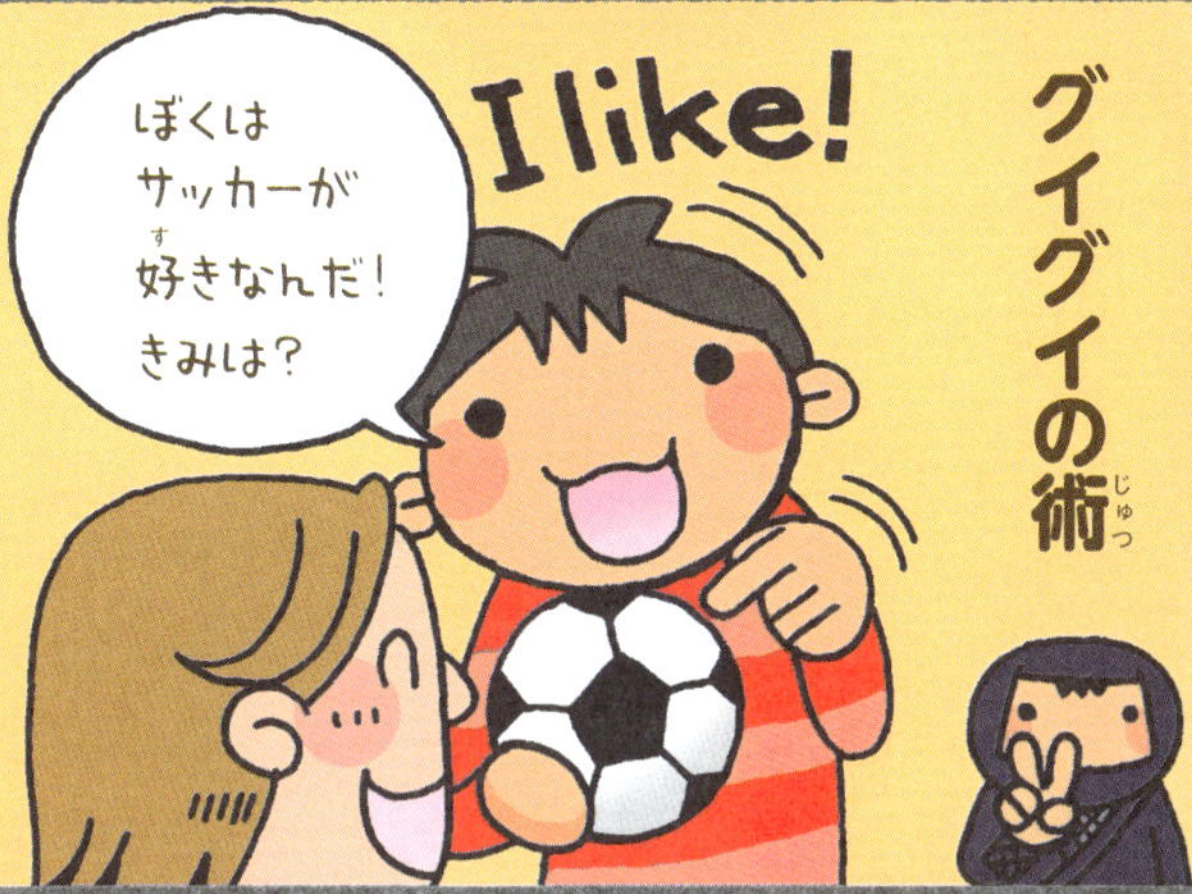

自分《じぶん》が好《す》きなことや、相手《あいて》と話《はな》してみたいことは、どんどん伝《つた》えるべし。

フムフムの術《じゅつ》

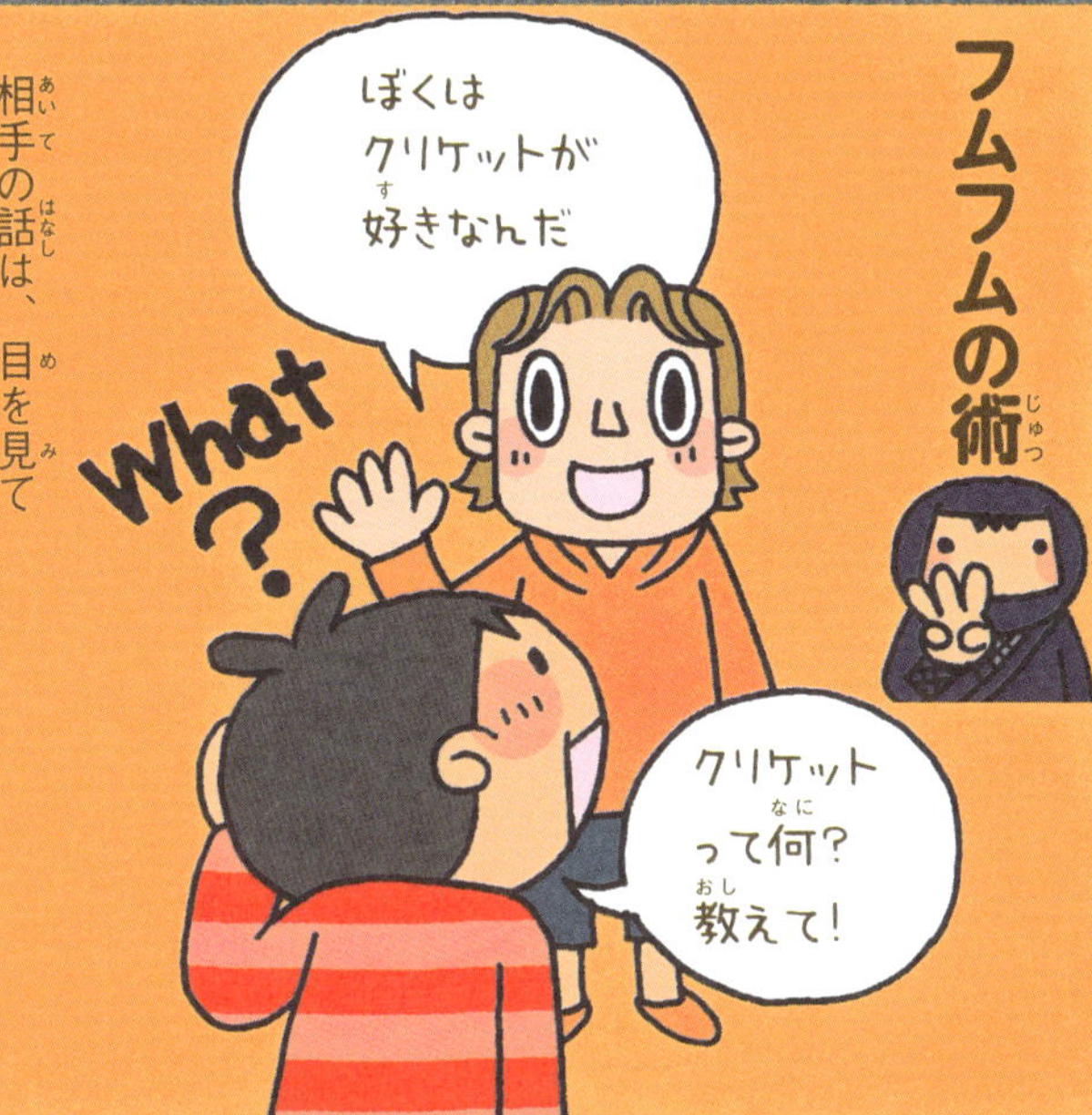

相手《あいて》の話《はなし》は、目《め》を見《み》て「うんうん」「ふむふむ」としっかり聞《き》くべし。わからないことは、すなおに「それって何《なに》？」と伝《つた》え、教《おし》えてもらうべし。

やってみよう

世界《せかい》の「うれしい！たのしい！大好《だいす》き！」を言《い》ってみよう！

外国《がいこく》の人《ひと》には「すみません」や「ごめんね」よりも「うれしい」「たのしい」「大好《だいす》き」の気持《きも》ちを伝《つた》えたほうが、よろこばれます。このすてきな言葉《ことば》をいろいろな国《くに》の言《い》い方《かた》で、伝《つた》えてみましょう！

英語《えいご》

うれしい！ I'm happy! アイム ハッピー！

たのしい！ It's fun! イッツ ファン！

大好き！ I love it! アイ ラブ イット！

スペイン語《ご》

うれしい！ Estoy feliz! エストイ フェリッツ

たのしい！ Divertido! ディベルティド！

大好き！ Me gusta! メ グスタ！

中国語《ちゅうごくご》

うれしい！ 我很开心！ ウォヘンカイシン！

たのしい！ 有趣！ ヨウシュイ！

大好き！ 我爱！ ウォアイ！

韓国語《かんこくご》

うれしい！ 기뻐요！ キッポヨ！

たのしい！ 즐거워~！ チェルゴウォ～！

大好き！ 너무좋아해！ ノム チョアヘ！

フランス語《ご》

うれしい！ Je suis heureux! ジュッスイ ゾウフー！

たのしい！ C'est amusant! セテミゾゥ！

大好き！ Je l'aime! ジュレーム！

日本語《にほんご》

うれしい！

たのしい！

大好き！

くらしのふしぎ

バレンタインデーって、チョコをわたす日《ひ》だよね？

そうともかぎりません。バレンタインデーには、チョコレートでなく、バラの花束《はなたば》やメッセージカード、アクセサリーといった別《べつ》のものを、恋人《こいびと》どうしでプレゼントしあう国《くに》も多《おお》くあるのです。

もともとバレンタインデーは、イタリアのローマで生《う》まれた「恋人《こいびと》の日《ひ》」。それが日本《にほん》に伝《つた》わったあと形《かたち》が変《か》わり、「女《おんな》の人《ひと》が好《す》きな人《ひと》にチョコレートをわたす日《ひ》」として広《ひろ》まったのです。どうしてそんなことになったのか、そのれきしを見《み》てみましょう。

サウジアラビアは
バレンタイン禁止《きんし》！
（わたすなら、
こっそりね！）
バレンタインデー
禁止！
すきです
イギリスでは
メッセージカードをわたすよ
自分《じぶん》の名前《なまえ》を
書《か》かずにね！

Valentine's Day History.

むかしイタリアでは、兵士《へいし》たちはけっこんできないきまり。でも教会《きょうかい》の司教《しきょう》だったバレンタインはけっこん式《しき》をしてあげていました。

それがばれた!　バレンタイン司教《しきょう》は2月《がつ》14日《か》に処刑《しょけい》されますが、人《ひと》びとに愛《あい》の聖人《せいじん》とされました。かれの死《し》んだ日《ひ》は、愛《あい》の日「バレンタインデー」となりました。

ヨーロッパでは、この日《ひ》に愛《あい》する人《ひと》へおくりものをするようになりました。やがてチョコレートなどのおかしも人気《にんき》のプレゼントになります。

日本《にほん》にもこの文化《ぶんか》が伝《つた》わりましたが、はじめはきょうみをもたれませんでした。チョコレートもまだ高級品《こうきゅうひん》でした。

1960年《ねん》ごろ、おかしの会社《かいしゃ》やデパートが「女《おんな》の人《ひと》から男《おとこ》の人《ひと》にチョコレートをおくりましょう」とせんでんしたところ、大人気《だいにんき》に!

その後《ご》、お世話《せわ》になっている人《ひと》にわたす「義理《ぎり》チョコ」や、友《とも》だちとこうかんする「友《とも》チョコ」も生《う》まれ、バレンタインデーは日本《にほん》の新《あたら》しい文化《ぶんか》になりました。

日本《にほん》とちがう！ 世界《せかい》の「あたりまえ」

バレンタインデーのように、日本《にほん》では「こうするのがあたりまえ」と思《おも》われていることでも、世界《せかい》ではまったくちがうことはたくさんあります。そこで、ほかの国《くに》の人《ひと》たちの「あたりまえ」をスクープしてみました。

日本《にほん》ではたんじょう日《び》の人《ひと》がプレゼントをもらうけど…

スクープ1

タイではたんじょう日《び》の人《ひと》がみんなにおもてなしする！

タイでは、たんじょう日《び》の人《ひと》が家《いえ》やレストランにみんなをしょうたいして、ごちそうをふるまいます。
タイの人《ひと》は、たんじょう日を「自分《じぶん》がおいわいしてもらう日《ひ》」ではなく「生《う》まれたことをかんしゃし、お世話《せわ》になった人《ひと》におんがえしする日《ひ》」と考《かんが》えているのです。

スクープ2

日本《にほん》では子《こ》どもの歯《は》がぬけたら
やねの上《うえ》や地面《じめん》に投《な》げるけど…

モンゴルでは わかい犬《いぬ》に食《た》べさせる！

この子が
元気に育ち
ますように

日本《にほん》には、ぬけた歯《は》をやねの上《うえ》や地面《じめん》に投《な》げて「じょうぶな歯《は》が生《は》えますように」と願《ねが》うおまじないがあります。いっぽうモンゴルでは、歯《は》を肉《にく》にまぜて犬《いぬ》に食《た》べさせます。わかい犬《いぬ》は守《まも》り神《がみ》なので、食《た》べさせることでじょうぶな歯《は》が生《は》えると考《かんが》えられています。

スクープ3

イラクでは「頭《あたま》をなでる」のは「のろい」の意味《いみ》！

日本《にほん》ではかわいい子《こ》どもの頭《あたま》をなでるけど…

イラクなどイスラーム教《きょう》の国《くに》では、神《かみ》さまが天《てん》から幸《しあわ》せを運《はこ》んでくれると信《しん》じられています。

だから頭《あたま》に手《て》を置《お》くと、その幸《しあわ》せをさえぎることになるため、すごくおこられます。また、きびしい仏教《ぶっきょう》の国《くに》でも頭《あたま》をなでるのはNG《エヌジー》です。

世界《せかい》には、どんな文字《もじ》があるの？

ABC…というアルファベットは、英語《えいご》やスペイン語《ご》、イタリア語《ご》など、世界一《せかいいち》多《おお》くの国《くに》で使《つか》われています。言葉《ことば》と文字《もじ》は、少《すこ》しちがい、漢字《かんじ》が中国《ちゅうごく》でも日本《にほん》でも使《つか》われているように、ちがう国《くに》の言葉《ことば》でも同《おな》じ文字《もじ》を使《つか》っていることは多《おお》くあるのです。

世界《せかい》で使《つか》われる文字《もじ》は

Спасибо

キリル文字《もじ》

ロシア、ウクライナ、ブルガリアなどで使《つか》われています。

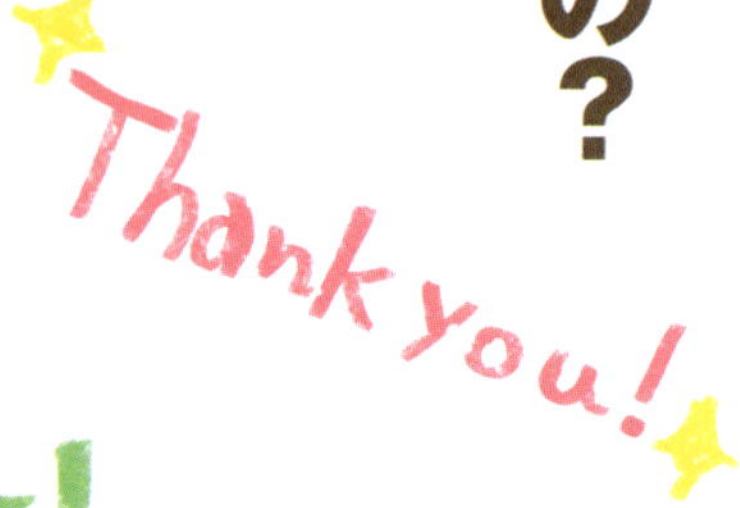
Thank you!

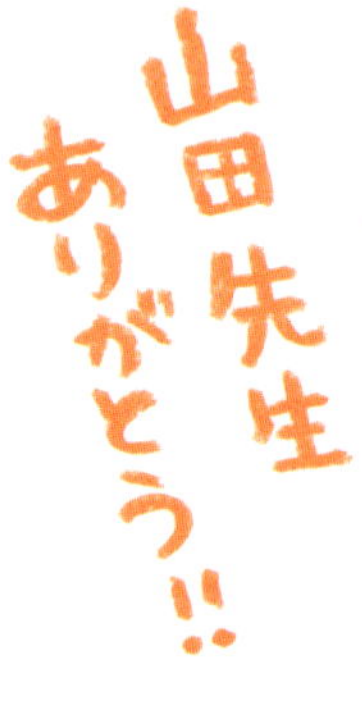
山田先生
ありがとう!!

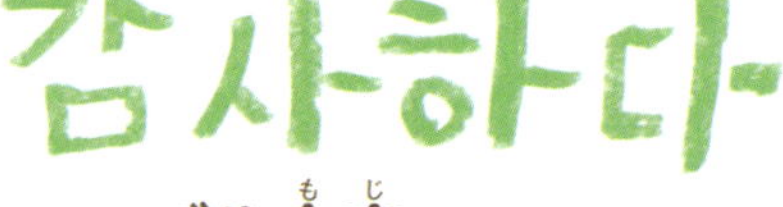
감사하다

ハングル文字《もじ》

韓国《かんこく》、北朝鮮《きたちょうせん》などで使《つか》われている文字《もじ》です。

大《おお》きくわけても28しゅるい以上《いじょう》。むかしの文字《もじ》もふくめると、100以上《いじょう》あるといわれます。しかも文字《もじ》の形《かたち》は、土地《とち》ごとに少《すこ》しずつちがったり、時代《じだい》で変《か》わったりしているため、じっさいはもっともっとたくさんになります。

どんな文字《もじ》があるか、少《すこ》しだけお見《み》せしましょう!

شكرا

アラビア文字《もじ》

エジプト、イラク、サウジアラビアなどで、世界《せかい》で3番目《ばんめ》に多《おお》く使《つか》われている文字《もじ》です。

ขอบคุณค่ะ

シャム文字《もじ》

タイ、ミャンマー、スリランカなどで使《つか》われています。男女《だんじょ》で使《つか》う文字《もじ》がちがいます。

トンパ文字《もじ》

中国南部《ちゅうごくなんぶ》にすむ「ナシ族《ぞく》」の文字《もじ》。おじぎをして「おれい」をあらわしています。

多謝!

漢字《かんじ》

中国《ちゅうごく》や日本《にほん》など、世界《せかい》で2番目《ばんめ》に多《おお》く使《つか》われています。国《くに》や場所《ばしょ》によって形《かたち》も読《よ》みも変《か》わります。

धन्यवाद

デーヴァナーガリー文字《もじ》

インドのヒンディー語《ご》などに使《つか》われています。

くらしの
ふしぎ

外国《がいこく》の人《ひと》に話《はな》しかけられたけど、言葉《ことば》がわからない！

だいじょうぶ！

言葉《ことば》がわからなくても、「答《こた》えたい」という気持《きも》ちさえあれば、何《なん》とかなるものです。

「何《なに》を言《い》っているかはよくわからないけど、たぶんこういうことなのかな」とわかったら、次《つぎ》の方法《ほうほう》をじゅんばんにためしてみましょう。

かんたんな英語《えいご》で答《こた》える！

英語《えいご》がわかる人《ひと》は多《おお》いので、次《つぎ》の英語《えいご》で話《はな》してみましょう。

Hi《ハイ》	こんにちは
Yes《イエス》	はい、そうです
NO《ノー》	ちがいます
OK《オーケー》	いいですよ
Please《プリーズ》	どうぞ、おねがいします
Sorry《ソーリー》	ごめんなさい
Thank you《センキュー》	ありがとう
I《アイ》 don't《ドォント》 know《ノウ》	わたしはわかりません

わからない
言葉を話す人が
あらわれた！

通《つう》じなければ…。

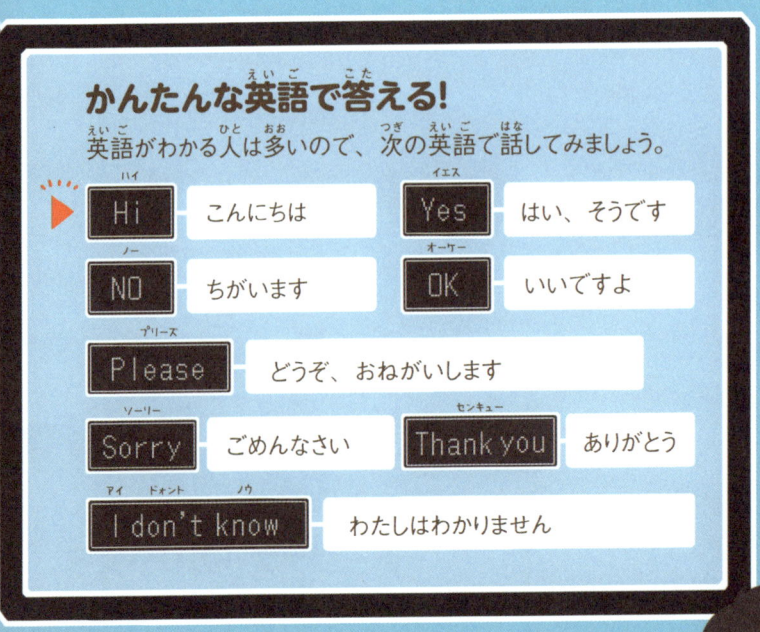

CAUTION!

国《くに》によっては、日本《にほん》とまったくちがう意味《いみ》になるジェスチャーもあるので、注意《ちゅうい》!

アメリカでは…
「あっちへ行《い》け!」

フランスでは…
「頭《あたま》からっぽ!」

ギリシャでは…
「くたばれ!」

体《からだ》を使《つか》って伝《つた》える! ≪だいたい世界《せかい》共通《きょうつう》のジェスチャー≫

あくしゅ
「なかよくしよう」
首《くび》をたてにふる
「そうです」
首《くび》を横《よこ》にふる
「ちがうよ」
りょう手《て》をあげる
「まいった!」
「わたしには無理《むり》です」
はくしゅ
「すごい!」
「いいね」
かた手《て》をふる
「こんにちは」
「さようなら」

言葉《ことば》がわからなくても顔《かお》や体《からだ》で気持《きも》ちをあらわせば通《つう》じることもあります。それでも通《つう》じなければ…。

絵《え》や図《ず》で伝《つた》えあおう!

ここまでくれば、おたがいに、相手《あいて》が言《い》いたいことが、何《なん》となくわかってくるはずです。

CLEAR

くらしのふしぎ

みんな、いつもどんな服《ふく》を着《き》ているの？

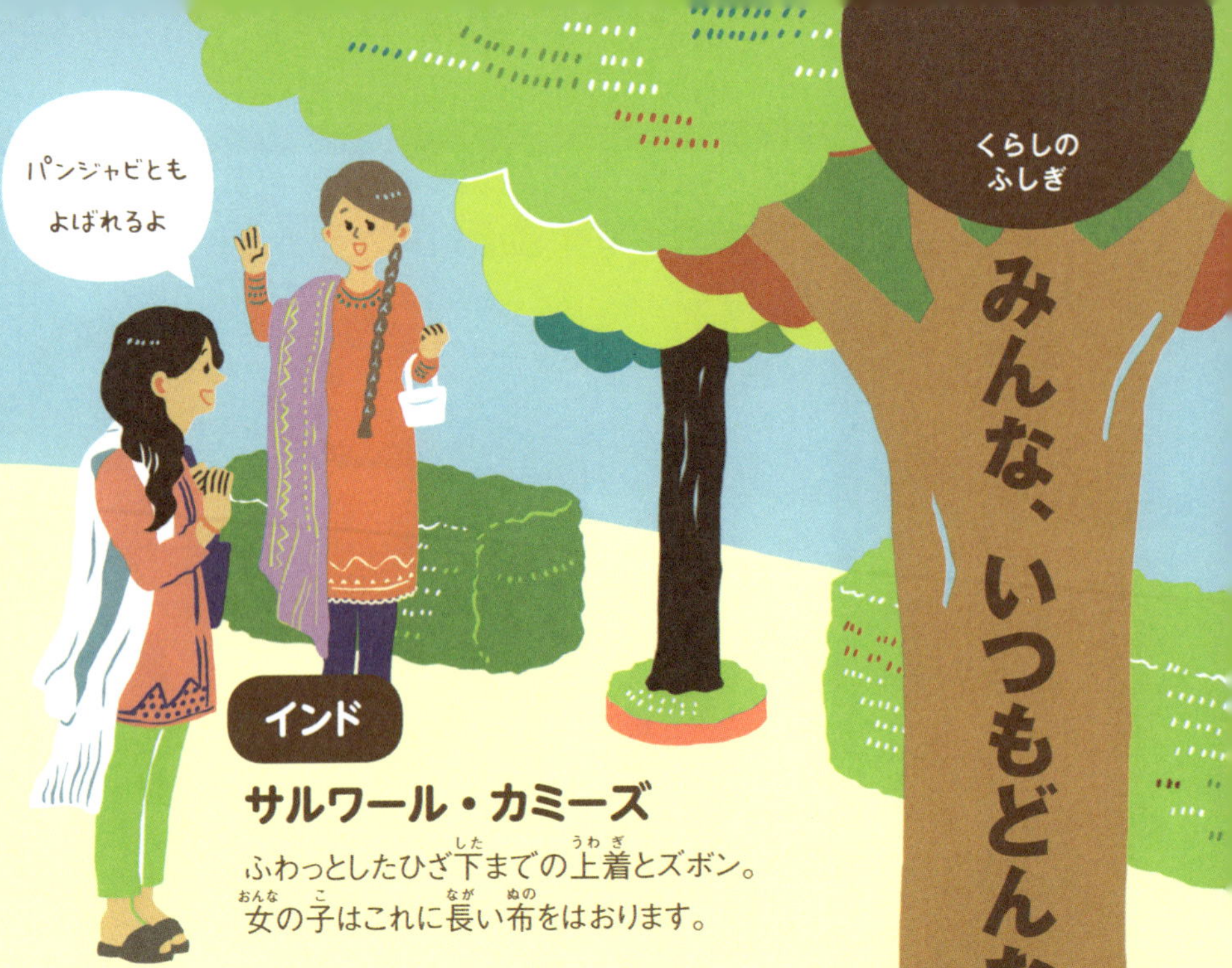

インド

サルワール・カミーズ

ふわっとしたひざ下《した》までの上着《うわぎ》とズボン。女《おんな》の子《こ》はこれに長《なが》い布《ぬの》をはおります。

世界《せかい》でもT《ティー》シャツやジーンズなどの洋服《ようふく》を着《き》ている人《ひと》は多《おお》いですが、それだけではありません。

日本《にほん》の着物《きもの》のような、その国《くに》でむかしから着《き》られてきた服《ふく》を、ふだんから着《き》ている人《ひと》もたくさんいます。

最近《さいきん》ではむかしながらの服《ふく》と洋服《ようふく》を組《く》み合《あ》わせる人《ひと》もふえていて、毎《まい》日《にち》のおしゃれを楽《たの》しんでいます。

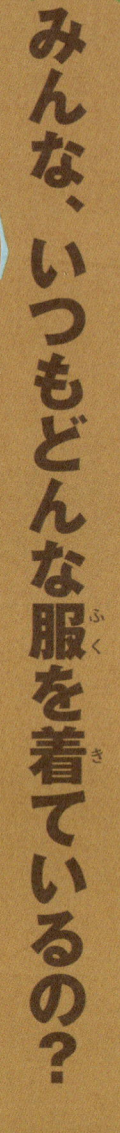

ベトナム　アオババ

すそに切《き》れ目《め》が入《はい》った上着《うわぎ》とズボン。年《とし》を重《かさ》ねた女《おんな》の人《ひと》がよく着《き》ています。

「アオ」は上着《うわぎ》、
「バー」は
3という意味《いみ》よ。
けっこん式《しき》には丈《たけ》の長《なが》い
「アオザイ」を着《き》るの

ホロホロ鳥《ちょう》に、
にたもようなの

ケニア　カンガ

色《いろ》あざやかな布《ぬの》。1まいで下半身《かはんしん》を、もう1まいで頭《あたま》と上半身《じょうはんしん》をおおいます。赤《あか》ちゃんをせおったり、バッグとして使《つか》ったりすることも。

イスラーム教《きょう》では女《おんな》の人《ひと》は
外《そと》ではだを見《み》せないの。
でも家《いえ》では赤《あか》いドレス
だって着《き》るわ!

イエメン　アバヤ

ブラウス、スカート、スカーフ、マントの4点《てん》セット。黒《くろ》が正式《せいしき》な色《いろ》で、下《した》には洋服《ようふく》を着《き》ることもあります。

インドネシア　ヒジャブ

アバヤのひとつで、頭《あたま》をおおうスカーフのこと。いろんな色《いろ》やもようがあり、レースがついたものも!

世界《せかい》の美《うつく》しいもようたち

服《ふく》、カーペット、家具《かぐ》やかべ。
くらしにかかせないものですが、
ただおおうだけでは、つまらない。
そこでむかしの人《ひと》は、これらに色《いろ》をそめたり、
がらをぬったりおりこんだりして、
それぞれ生活《せいかつ》を楽《たの》しむようになりました。

インドネシア、タイなど

イカット

そめた糸《いと》をおってできた「かすり」もようのひとつ。ひし形《がた》やギザギザの線《せん》などの図形《ずけい》を組《く》み合《あ》わせています。

モロッコ

ゼリージュ

タイルを細《こま》かく切《き》り、かべやゆかなどに1まいずつくっつけて、モザイクのもようがつくられます。

ノルウェー

ノルディック

雪《ゆき》のけっしょうやトナカイ、モミの木《き》などのもようが、セーターや手《て》ぶくろなどにふくざつにあみこまれます。

イランなど

アラベスク

イスラーム教《きょう》のお寺《てら》のかべなどに、かかれたもよう。イスラーム教《きょう》では人《ひと》や動物《どうぶつ》を絵《え》にしておがんではいけないとされ、こうした植物《しょくぶつ》のもようが人気《にんき》でした。

アメリカ

チマヨ

むかしからアメリカにすんでいた民族《みんぞく》に伝《つた》わるもよう。狩《か》りに使《つか》う矢《や》やタカなどをもようにしています。

スコットランド

タータン

キルトという、男《おとこ》の人用《ひとよう》のスカートにむかしから使《つか》われました。それぞれの家《いえ》でチェックのがらが決《き》まっています。

マンガは、どこの国《くに》で生《う》まれたの？

マンガは、日本《にほん》と世界《せかい》がいっしょになって生《う》み出《だ》した文化《ぶんか》です。「漫画《まんが》」という言葉《ことば》がはじめに広《ひろ》まったのは、200年《ねん》ほど前《まえ》の日本《にほん》。もともとは「気《き》のむくままに書《か》いた絵《え》」という意味《いみ》の言葉《ことば》でした。

マンガ
マンガが生まれるまで
バ
江戸時代《えどじだい》の画家《がか》・葛飾北斎《かつしかほくさい》がある「漫画《まんが》」をつくりました。
かれの「北斎漫画《ほくさいまんが》」には、場面《ばめん》を区切《くぎ》った絵《え》をいくつかの「コマ」にならべた作品《さくひん》もありました。
ドドーン!!

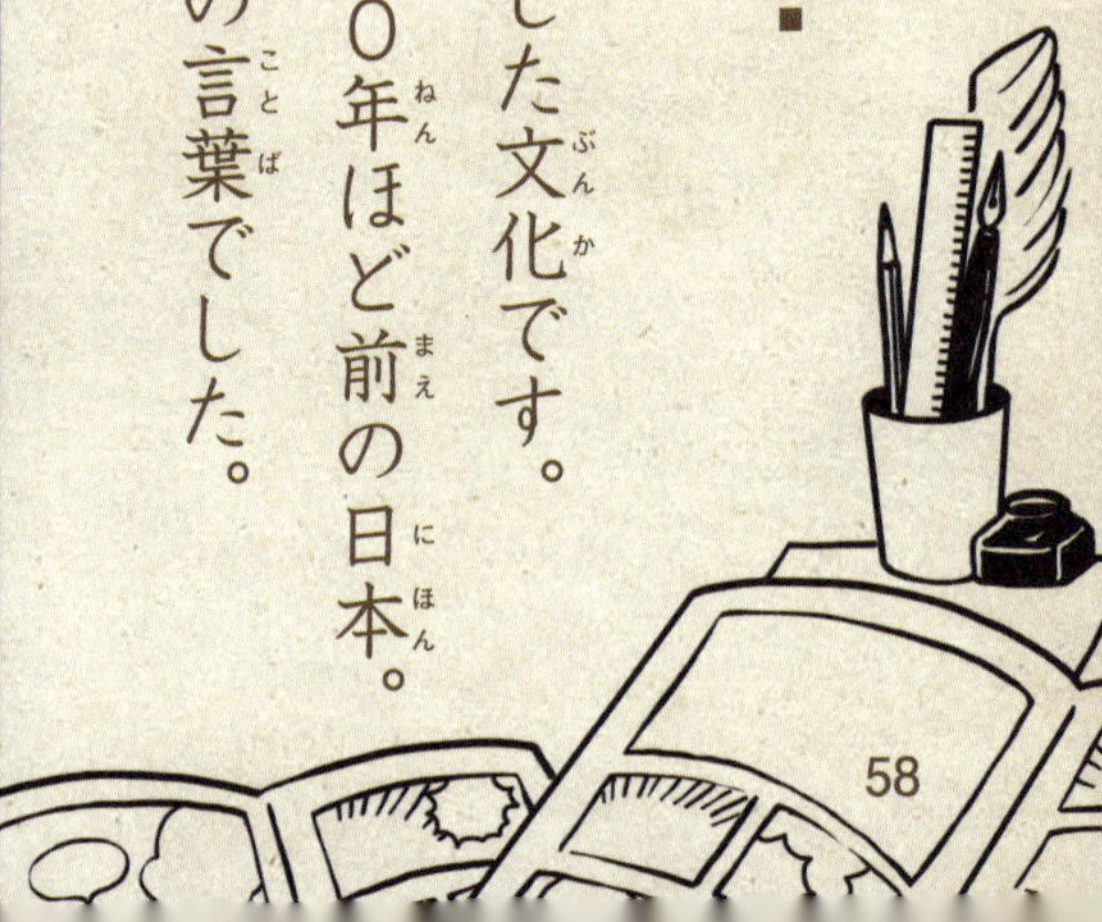

ガーンッ
この新《あたら》しいやり方《かた》は、浮世絵《うきよえ》とともに、ヨーロッパの画家《がか》たちに大《おお》きなえいきょうをあたえました。
いっぽう、社会《しゃかい》や政治《せいじ》をおもしろおかしくひはんする「風刺画《ふうしが》」をコマに分《わ》けてかいた「風刺漫画《ふうしまんが》」がスイスで生《う》まれました。これが世界初《せかいはつ》のコマ漫画《まんが》として広《ひろ》まります。
ふぉっ
ふぉっ
ふぉっ
その後《ご》アメリカで、ヒーローなどをえがいた子《こ》ども向《む》けの漫画《まんが》「コミック」が生《う》まれ、日本《にほん》でも多《おお》くつくられるようになりました。
日本《にほん》では、キャラクターの心《こころ》の動《うご》きをうまくあらわし、子《こ》どもだけでなく大人《おとな》も感動《かんどう》するような作品《さくひん》がどんどん生《う》まれていきました。
ジーン
これが「マンガ」という日本《にほん》の文化《ぶんか》として、アジアから世界《せかい》に広《ひろ》まりました。今《いま》では多《おお》くの国《くに》でマンガがかかれ、読《よ》まれるようになっています。
MANGA

次週につづく!

お笑いショー

くらしの
ふしぎ

「笑《わら》いのツボ」は、国《くに》によってちがうの？

笑《わら》いのツボは、人《ひと》の立場《たちば》によってちがいました。食《た》べ物《もの》が少《すく》なかったり、はたらくのがつらかったりしたとき、同《おな》じ立場《たちば》の人《ひと》どうしでつらさを笑《わら》い飛《と》ばすことでスッキリしてきました。

笑《わら》いには大《おお》きな力《ちから》があります。笑《わら》うことで、今《いま》の場所《ばしょ》で

ヨーロッパでよく見《み》られたお笑《わら》い。強《つよ》い立場《たちば》の人《ひと》をおもしろおかしくいじって、笑《わら》いをとる!

ひびきがにた言葉《ことば》をくりかえして笑《わら》いをとる! 日本《にほん》の「だじゃれ」もこのひとつです。

世界の

がんばろうという気持《きも》ちをふるいたたせてきたのです。
こうした笑《わら》いの形《かたち》がそれぞれの場所《ばしょ》で少《すこ》しずつかたまっていき、その国《くに》ならではの笑《わら》いの文化《ぶんか》になっていったのです。

近《ちか》ごろは、インターネットを使《つか》えば世界中《せかいじゅう》のお笑《わら》いの動画《どうが》が見《み》られます。ちがう国《くに》の人《ひと》どうしが同《おな》じものを楽《たの》しむこともふえたので、今《いま》の笑《わら》いのツボは国《くに》よりもその人次第《ひとしだい》だという人《ひと》もいます。

刑務所《けいむしょ》でサッカーの試合《しあい》をやったんだけど、結局《けっきょく》どのチームも勝《か》てなかった。なぜって?とちゅうでボールがぬすまれちまったからさ
スタンダップコメディ
まんざい
早《はや》く大人《おとな》になりたいな〜
おまえいくつやねん

日本生《にほんう》まれのお笑《わら》いの形《かたち》。ボケ役《やく》とツッコミ役《やく》に分《わ》かれ、ノリのよい会話《かいわ》で笑《わら》いをとる!

イギリスやアメリカで人気《にんき》。ひとりでステージに立《た》ち、とんちや皮肉《ひにく》のきいたしゃべりで笑《わら》いをとる!

ほかの国《くに》では、どんなスポーツが人気《にんき》なの？

サッカーがいちばん人気《にんき》！ という国《くに》は世界《せかい》にたくさんあります。 またアメリカで生《う》まれた野球《やきゅう》も世《せ》界中《かいじゅう》でおこなわれていて、中南米《ちゅうなんべい》、韓国《かんこく》や台湾《たいわん》などで高《たか》い人気《にんき》をほこっています。ほかにも、その国《くに》ならではのスポーツが大人気《だいにんき》になっています。

カナダで
大人気《だいにんき》！
ホッケーとラグビーを
組《く》み合《あ》わせてできたよ

アイスホッケー

氷《こおり》の上《うえ》で、「パック」とよばれる平《ひら》たいボールをスティックで打《う》ち合《あ》い、相手《あいて》のゴールに多《おお》く入《い》れたほうが勝《か》ち！ ものすごいスピードで選手《せんしゅ》がはげしくぶつかり合《あ》います。

インドで
大人気《だいにんき》!

16億人《おくにん》が
楽《たの》しんでいる!

クリケット

野球《やきゅう》のようにバットでボールを打《う》つ、世界《せかい》人気《にんき》2位《い》のスポーツ。400年《ねん》ほど前《まえ》にイギリスで生《う》まれ、その植民地《しょくみんち》だったインドやオーストラリアなどに伝《つた》わり、世界《せかい》に広《ひろ》まりました。

タイで
大人気《だいにんき》!

おさない子《こ》や
女《おんな》の子《こ》も
習《なら》っているよ

ムエタイ

パンチやキック、ひざげりなどをくり出《だ》して相《あい》手《て》をたおします。400年以上前《ねんいじょうまえ》に生《う》まれたかくとうぎが進化《しんか》し、今《いま》の形《かたち》になりました。

チリで
大人気《だいにんき》!

チリでは、
ふたり1組《くみ》で
やるよ!

ロデオ

馬《うま》に乗《の》りながら牛《うし》のしっぽをつかんで転《ころ》ばせ、そのはやさをきそいます。むかし牛《うし》に印《しるし》をつけるため広場《ひろば》に牛《うし》をすばやく集《あつ》める訓練《くんれん》をしたことからはじまりました。

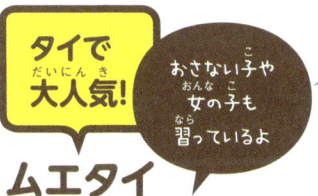

世界《せかい》の「国技《こくぎ》」にチャレンジ!

国《くに》を代表《だいひょう》する、とくべつな武芸《ぶげい》やスポーツのことを「国技《こくぎ》」といいます。せっかくなので、みんなも外国《がいこく》の国技《こくぎ》にちょうせんしてみましょう!

バングラデシュの国技《こくぎ》

カバディ

7人《にん》のチーム2組《くみ》でこうげきと守《まも》りにわかれ、点《てん》をきそいます。このゲームのもとは2000年以上前《ねんいじょうまえ》からおこなっていた狩《か》り。動物《どうぶつ》を数人《すうにん》で取《と》りかこみ、手《て》でつかまえるものでした。

① ひとりのこうげき役《やく》が相手《あいて》コートに入《はい》り、1回《かい》の息《いき》で「カバディ、カバディ……」と言《い》うあいだに相手《あいて》をタッチ! 自分《じぶん》のコートにもどるまでにタッチした相手《あいて》チームの人数《にんずう》のぶん、点《てん》が入《はい》ります。

② 守《まも》りのチームがこうげき役《やく》をタッチすると、1点入《てんはい》ります。どちらのチームもタッチされたら、味方《みかた》が点《てん》をとるまでコートの外《そと》に出《で》ます。

③ こうげき役《やく》がコートにもどったりつかまえられたりしたら、こうげきと守《まも》りを交代《こうたい》します。これを20分間《ぶんかん》くりかえし、さいごに点数《てんすう》の多《おお》いほうが勝《か》ち!

ブラジルの国技《こくぎ》

カポエイラ

ダンスのような、かくとうぎ。今《いま》から500年《ねん》ほど前《まえ》、ポルトガル人《じん》のどれいだったブラジルの人《ひと》びとは、ダンスのふりをしてひそかに相手《あいて》をけるわざを練習《れんしゅう》しました。これがカポエイラのはじまりです。

① ふたりで向《む》かい合《あ》い、音《おん》楽《がく》に合《あ》わせながらわざを見《み》せ合《あ》います。まずはかた足《あし》ずつクロスして足《あし》を引《ひ》く「ジンガ」というステップをふみながらわざを出《だ》すタイミングをまちます。

② 足《あし》を回《まわ》しながらけるわざをおこないます。相手《あいて》に当《あ》てる必要《ひつよう》はありません。とんだり、体《からだ》をひねったりしながらけると、かっこいい!

③ 相手《あいて》は、動《うご》きをよく見《み》てわざをかわします。ステップにもどり、交代《こうたい》でけり合《あ》いましょう!

「世界一《せかいいち》」になりたいんだけど……

世界一《せかいいち》走《はし》るのが速《はや》い、世界《せかい》でだれにもできなかった研究《けんきゅう》を成功《せいこう》させた、世界《せかい》のだれよりもたくさんハンバーガーを食《た》べられる……。

世界《せかい》にはたくさんの「世界一《せかいいち》」があります。

だからみんなも、えらぶ道《みち》しだいでは、何《なに》かの世界一《せかいいち》になれるかもしれません。

そんなキミに、「世界一《せかいいち》」になるための道《みち》を少《すこ》しだけしょうかいします。

世界一の道

① 好《す》きなことを世界一《せかいいち》楽《たの》しもう

まず好《す》きなことをしましょう。つづけていると、自分《じぶん》よりもっとすごい人《ひと》がいたり、だんだんうまくいかなくなったりするかもしれません。そんなときこそ、「これが好《す》き!」という気持《きも》ちを思《おも》い出《だ》して、だれよりも楽《たの》しみましょう。

世界一

こんな世界一《せかいいち》もある!

世界一《せかいいち》たくさんコーンにのせたアイスクリーム→121こ

世界一《せかいいち》長《なが》い消《け》しゴムのカス→長《なが》さ9.19メートル

世界一《せかいいち》小《ちい》さなネジ→直径《ちょっけい》0.3ミリメートル

世界一《せかいいち》速《はや》い有人《ゆうじん》ジェット機《き》
→SR-71A、マッハ3超《ちょう》(352956km/h)

世界一《せかいいち》売《う》り上《あ》げの高《たか》い会社《かいしゃ》
→4858億《おく》ドル、ウォルマート
(スーパーマーケットの会社《かいしゃ》)

100m走《そう》世界一《せかいいち》
→男子《だんし》：9秒《びょう》58　女子《じょし》：10秒《びょう》49

50mクロール世界一《せかいいち》
→男子《だんし》：20秒《びょう》91　女子《じょし》：23秒《びょう》73

世界一《せかいいち》ぶたいでたくさんの役《やく》をした人《ひと》
→804役《やく》(日本《にほん》の歌舞伎《かぶき》役者《やくしゃ》)

世界一《せかいいち》長生《ながい》き→122年《ねん》と164日間《にちかん》生《い》きた人《ひと》

(2018年4月現在《ねんがつげんざい》)

100!! 101!!
102!!
ガンバレ!
ガンバレ!

③ 世界一《せかいいち》のなかまを見《み》つけよう

好《す》きなことをいっしょにつづけたり、教《おし》えてくれたり、おうえんしてくれたりするなかまがいれば、つらいことがあってもがんばれます。そんななかまがどんどんふえたら、世界一《せかいいち》に近《ちか》づけるはずです。

世界一
かっこいい
電車をつくる人

② 世界一《せかいいち》練習《れんしゅう》しよう、世界一考《せかいいちかんが》えよう

「なぜこうなるんだろう」「どうしたらもっとうまくいくかな?」といつも考《かんが》えながら、好《す》きなことを練《れん》習《しゅう》したり工夫《くふう》したりしましょう。「なぜ?」という気持《きも》ちをいだきつづけることが、レベルアップのひけつです。

世界《せかい》を変《か》えた発明《はつめい》には、どんなものがあるの？

たくさんありますが、そのひとつに「コンピュータ」があります。コンピュータは人間《にんげん》の代《か》わりに、ふくざつな計算《けいさん》をしたり、はたらいたりしてくれる機械《きかい》。この機械《きかい》の発明《はつめい》で、電卓《でんたく》、ゲーム機《き》、パソコンなど、さまざまなべんりな道具《どうぐ》ができました。

このコンピュータをさいしょに発明《はつめい》した人《ひと》が、イギリス人《じん》のチャールズ・バベッジです。

バベッジ先生《せんせい》の発明《はつめい》、ここがすごい！

わたし、エイダ！
発明家《はつめいか》のバベッジ先生《せんせい》のお手伝《てつだ》いをしていたの。先生《せんせい》のこと、教《おし》えちゃうわ！

たくさん計算《けいさん》できる！

それまでの機械《きかい》は、ひとつの動作《どうさ》、ひとつの計算《けいさん》しかできなかったわ。そこでバベッジ先生《せんせい》は、あなをあけたカードを入《い》れ替《か》えれば、同《おな》じ機械《きかい》でもちがう計算《けいさん》がたくさんできるようにしたのよ。1822年《ねん》のことね。

「プログラム」という考《かんが》え方《かた》をつくった！

バベッジ先生《せんせい》の機械《きかい》は、カードを使《つか》って「仕事《しごと》をさせるための命令《めいれい》」を入《い》れられるようにしていたの。カードの「命令《めいれい》」を変《か》えれば、いくつものふくざつな計算《けいさん》もできるようになる、というわけ。これが、コンピュータの「プログラム」よ。この考《かんが》え方《かた》が、やがてすべてのコンピュータのきほんになったわ。

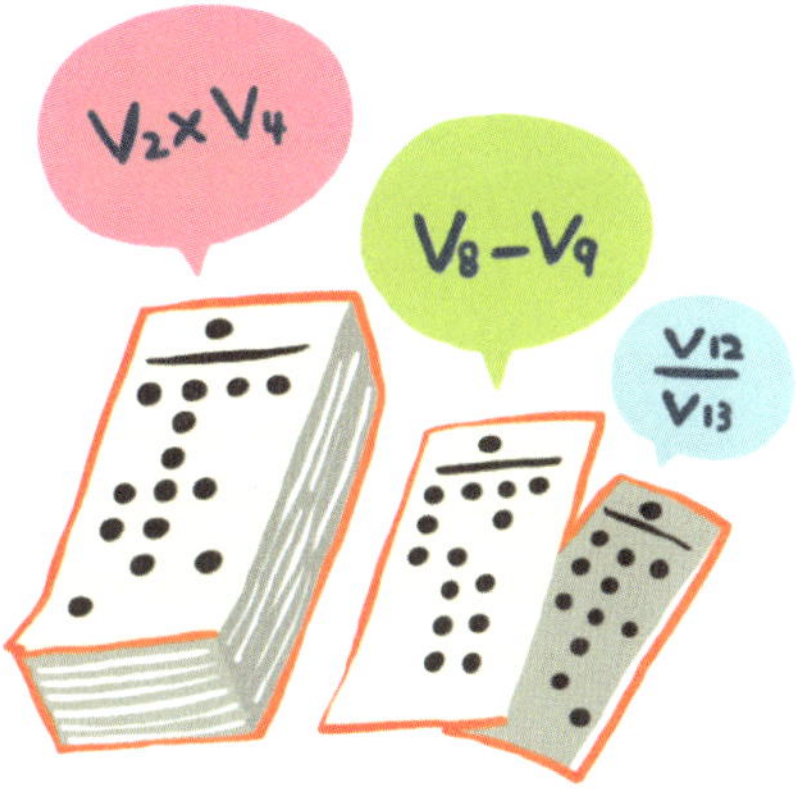
$V_2 \times V_4$
$V_8 - V_9$
$\frac{V_{12}}{V_{13}}$

機械《きかい》の未来《みらい》を広《ひろ》げた！

しかもこの機械《きかい》、ただの計算機《けいさんき》じゃなかったの。命令《めいれい》を変《か》えれば、いずれは音楽《おんがく》のような芸術作品《げいじゅつさくひん》も生《う》み出《だ》せるかも!? 先生《せんせい》はそのつもりはなかったけど、「機械《きかい》がどんなことでもできるようになる」きっかけをつくった発明《はつめい》だったのよ。

大発明《だいはつめい》！ 世界《せかい》を変《か》えたすごい人《ひと》たち

むかし、それまでにはないアイデアを思《おも》いつき、それを形《かたち》にしようと必死《ひっし》に努力《どりょく》した人《ひと》たちがいました。そして世界《せかい》ではじめて新《あたら》しい何《なに》かを発見《はっけん》した人《ひと》たちもいました。そんな人《ひと》たちのおかげで、わたしたちは便利《べんり》でゆたかな生活《せいかつ》ができています。

カール・ヴィルヘルム・シェーレ

酸素《さんそ》を発見《はっけん》！（1771年《ねん》、スウェーデン）

酸素《さんそ》やチッ素《そ》など18以上《いじょう》の化学物質《かがくぶっしつ》を発見《はっけん》。この世界《せかい》をつくっている物質《ぶっしつ》「元素《げんそ》」をもっとも多《おお》く発見《はっけん》したといわれます。でも発表《はっぴょう》がおそかったりそもそも発表《はっぴょう》しなかったりで、当時《とうじ》はみとめられていませんでした。

ワクチンを発明《はつめい》！（1798年《ねん》、イギリス）

世界中《せかいじゅう》ではやり、国《くに》をもほろぼした「天然痘《てんねんとう》」という病気《びょうき》のワクチンを開発《かいはつ》しました。ワクチンとは、予防接種《よぼうせっしゅ》のこと。この発明《はつめい》で、何百万人《なんびゃくまんにん》もの命《いのち》がすくわれました。

エドワード・ジェンナー

グリエルモ・マルコーニ

無線《むせん》を発明《はつめい》！（1895年《ねん》、イタリア）

電波《でんぱ》でじょうほうを飛《と》ばす「無線通信《むせんつうしん》」を開発《かいはつ》しました。ノーベル賞《しょう》を2回《かい》も受賞《じゅしょう》し、ラジオの発明者《はつめいしゃ》ともいわれています。

ジョン・ロジー・ベアード

テレビを発明《はつめい》！（1925年《ねん》、イギリス）

スコットランドの発明家《はつめいか》。動《うご》くものを遠《とお》くの機械《きかい》にはじめて映《うつ》しました。さいしょに映《うつ》したものは、腹話術《ふくわじゅつ》の人形《にんぎょう》でした。

カール・ラント・シュタイナー

血液型《けつえきがた》を発見《はっけん》！（1901年《ねん》、オーストリア）

それまでは手術《しゅじゅつ》でほかの人《ひと》の血《ち》を入《い》れても、合《あ》わずに死《し》んでしまう人《ひと》がたくさんいました。ラントシュタイナーが血液型《けつえきがた》を見《み》つけたことで、医学《いがく》に大革命《だいかくめい》が起《お》こりました。

リーゼ・マイトナー

核分裂《かくぶんれつ》を発見《はっけん》！（1938年《ねん》、オーストリア）

物質《ぶっしつ》のなかにある「核《かく》」が、ものすごいエネルギーを出《だ》しながら、ふえることを発見《はっけん》しました。

「世界遺産《せかいいさん》」って、なに？

世界遺産《せかいいさん》とは、ずっと守《まも》っていきたい文化《ぶんか》や自然《しぜん》のこと。

むかしの人《ひと》がくらしていた建《たて》物《もの》は今《いま》の生活《せいかつ》では使《つか》われません。でも、今《いま》いらないものだからといってこわしてしまうと、もう二度《にど》と、つくることもその場《ば》で見《み》て知《し》ることもできなくなります。

世界遺産《せかいいさん》のきっかけ!

アブ・シンベル神殿《しんでん》

およそ3300年前《ねんまえ》に大《おお》きな岩山《いわやま》をくりぬいてつくられたエジプトの神殿《しんでん》。近《ちか》くにダムがつくられることになったため、神殿《しんでん》が川《かわ》にしずまないように守《まも》ろうとする活動《かつどう》がはじまりました。これが世界遺産《せかいいさん》のできたきっかけです。

そこで、むかしからそこにあるかけがえのないものを守《まも》るため、世界遺産《せかいいさん》はつくられました。毎年《まいとし》それぞれの国《くに》がリストを出《だ》し、ユネスコという団体《だんたい》がしらべて決《き》めています。

人《ひと》がつくった建物《たてもの》や場所《ばしょ》を「文化遺産《ぶんかいさん》」、めずらしい自然《しぜん》を「自然遺産《しぜんいさん》」、文化《ぶんか》と自然《しぜん》の両方《りょうほう》がある場所《ばしょ》を「複合遺産《ふくごういさん》」として、千以上《せんいじょう》が登録《とうろく》されています。

世界遺産《せかいいさん》に登録《とうろく》できるのはむかしからずっとそこにあって、動《うご》かせないものだけ。どれも未来《みらい》に残《のこ》したい、大切《たいせつ》なたからものです。

めいろみたいな世界遺産《せかいいさん》

さばくの村《むら》

アイット・ベン・ハドゥの集落《しゅうらく》

モロッコのさばくにある古《ふる》い村《むら》。村全《むらぜん》体《たい》がとりでにかこまれていて、入《い》り口《ぐち》は1か所《しょ》しかありません。さらに村《むら》の中《なか》もめいろのようになっていて、ほかの国《くに》のてきやとうぞくにおそわれにくいようにしています。

ボロッボロの世界遺産《せかいいさん》

世界最古《せかいさいこ》の絵《え》がある

ショーヴェ・ポンダルク洞窟壁画《どうくつへきが》

フランスにある、クマやライオン、サイなどの絵《え》が3万年以上《まんねんいじょう》も前《まえ》にえがかれたかべ。とてももろく、外《そと》の空気《くうき》にふれただけでいたんでしまうため、いっぱんの人《ひと》は中《なか》に入《はい》れないようになっています。

超《ちょう》デカい世界遺産《せかいいさん》

見《み》わたすかぎりの青《あお》い海《うみ》！

フェニックス諸島《しょとう》保護地域《ほごちいき》

太平洋《たいへいよう》にあるキリバス共和国《きょうわこく》の小《ちい》さな島《しま》で、500種類以上《しゅるいいじょう》の魚《さかな》や200種《しゅ》類以上《るいいじょう》のサンゴが見《み》られます。島《しま》とまわりの海《うみ》がまるごと世界遺産《せかいいさん》で、面積《めんせき》は約《やく》40万平方《まんへいほう》キロメートル！　日《に》本《ほん》よりも広《ひろ》いです。

ワクワクする世界遺産《せかいいさん》

化石《かせき》がザクザク！

恐竜州立自然公園《きょうりゅうしゅうりつしぜんこうえん》

カナダの自然公園《しぜんこうえん》。草木《くさき》がほとんど生《は》えず、岩《いわ》がむき出《だ》しになった山《やま》や谷《たに》が広《ひろ》がっています。37種類以上《しゅるいいじょう》もの恐竜《きょうりゅう》の化石《かせき》がここから発見《はっけん》されました。

なぞの世界遺産《せかいいさん》

空中《くうちゅう》にそびえる古代都市《こだいとし》

マチュ・ピチュの歴史保護地区《れきしほごちく》

南《みなみ》アメリカ大陸《たいりく》のペルー共和国《きょうわこく》にある遺跡《いせき》。1500年《ねん》ごろまであった「インカ帝国《ていこく》」時代《じだい》の石積《いしづ》みの建物《たてもの》のあとが見《み》られます。高《たか》い山《やま》の上《うえ》にあったため、国《くに》がほろぼされたあと400年《ねん》ものあいだ、だれからも知《し》られずに残《のこ》されていました。

なみだの世界遺産《せかいいさん》

原爆《げんばく》ドームで知《し》られる広島平和記念碑《ひろしまへいわきねんひ》（日《に》本《ほん》）や多《おお》くのユダヤ人《じん》がころされたアウシュヴィッツ=ビルケナウ強制収容所跡《きょうせいしゅうようじょあと》（ポーランド）など、戦争《せんそう》のおそろしさや、ざんこくさを今《いま》に伝《つた》える世界遺産《せかいいさん》もあります。

これでバッチリ！

自《じ》由《ゆう》研《けん》究《きゅう》のススメ①

世《せ》界《かい》でもっともうたわれている歌《うた》として、ギネスにも認《にん》定《てい》されています。せっかくなので、いろんな国《くに》の言《こと》葉《ば》でうたってみましょう。

1「Happy birthday to you」をうたってみよう

世《せ》界《かい》で一《いち》番《ばん》うたわれている歌《うた》はなんだと思《おも》いますか？　みんなもおそらく一《いち》度《ど》はうたったことのある、「Happy birthday to you」です。

世《せ》界《かい》の歌《うた》をうたおう！

音《おん》楽《がく》は世《せ》界《かい》の共《きょう》通《つう》語《ご》。世《せ》界《かい》の歌《うた》をしらべて、うたってみましょう。

ようい するもの

・インターネット
・紙《かみ》やノート
・えんぴつやペン

やってみよう

「Happy birthday to you」の部分《ぶぶん》を世界《せかい》の言葉《ことば》にかえてうたってみよう。

日本語《にほんご》	お誕生日《たんじょうび》 おめでとう
韓国語《かんこくご》	생일《センイル》 축하합니다《チュッカハムニダ》
中国語《ちゅうごくご》	祝你生日快乐《ジューニーシェンリークワイラー》
フランス語《ご》	Bon《ボン》 anniversaire《アニヴェルセール》 pour《プー》 toi《トワ》
ドイツ語《ご》	Zum《ツム》 Geburtstag《ゲブーツターク》 viel《フィール》 Glück《グリュック》

2 外国《がいこく》の歌《うた》をさがそう

おうちの人《ひと》に手伝《てつだ》ってもらってインターネットなどを使《つか》い、ほかの曲《きょく》のもとの歌《うた》もしらべてみましょう。

こんな曲《きょく》もある！

『大《おお》きなくりの木《き》の下《した》で』 イギリス

『クラリネットをこわしちゃった』 フランス

『森《もり》のくまさん』 アメリカ

3 発表《はっぴょう》しよう！

歌《うた》を紙《かみ》やノートに書《か》いて、感《かん》じたことをまとめ、歌《うた》といっしょに発表《はっぴょう》しましょう。

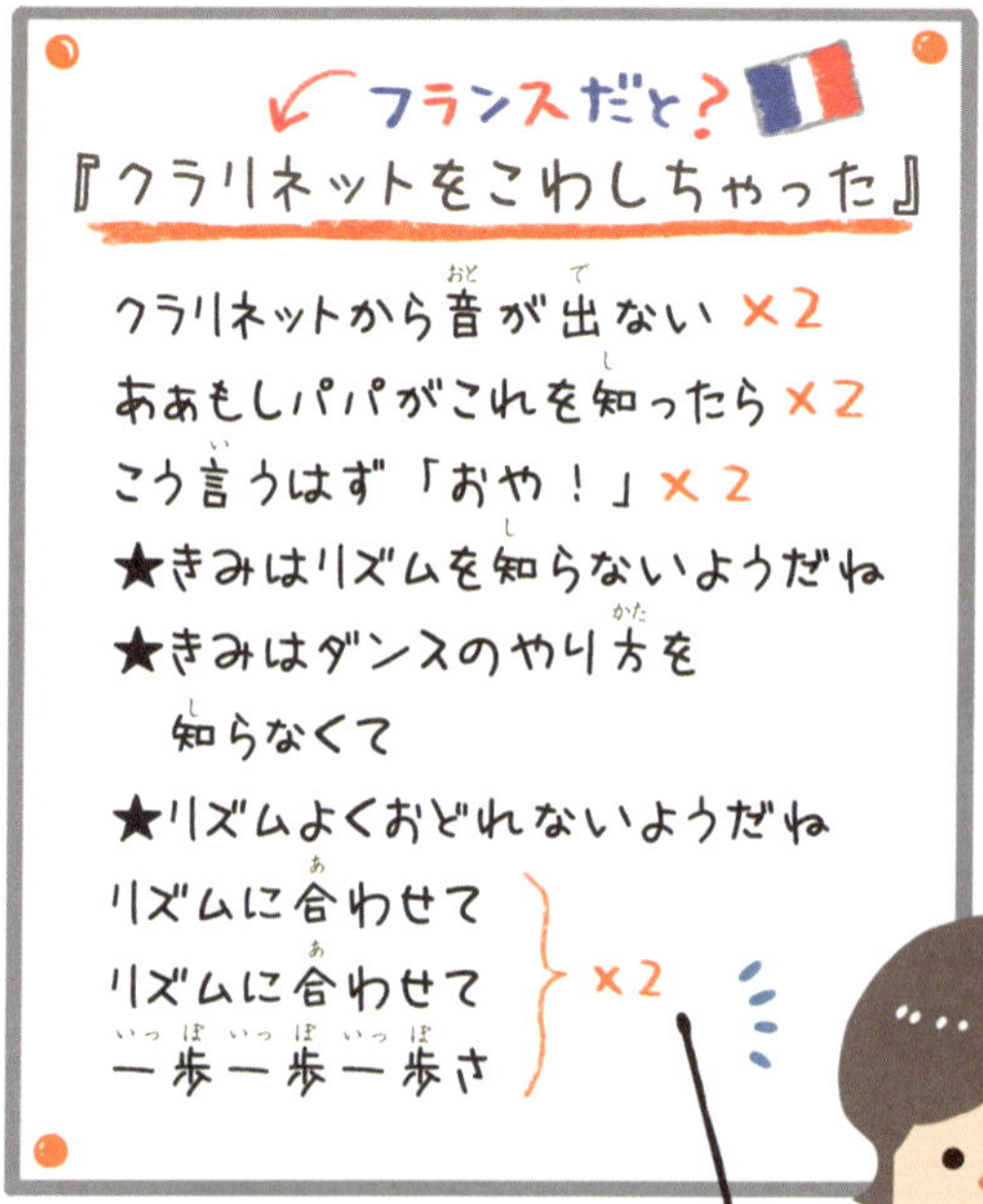
フランスだと？
『クラリネットをこわしちゃった』
クラリネットから音《おと》が出《で》ない ×2
ああもしパパがこれを知《し》ったら ×2
こう言《い》うはず「おや！」×2
★きみはリズムを知《し》らないようだね
★きみはダンスのやり方《かた》を知《し》らなくて
★リズムよくおどれないようだね
リズムに合《あ》わせて
リズムに合《あ》わせて
一歩《いっぽ》一歩《いっぽ》一歩《いっぽ》さ
×2

★のところは、日本《にほん》の歌《うた》にはないメロディーです
クラリネットはふけないだけで、こわれていません

ふしぎのふしぎ

ふしぎのふしぎ

この世界《せかい》は、どうやってはじまったの？

それには、いろいろな説《せつ》があります。科学《かがく》が広《ひろ》まっていないむかしは、この世界《せかい》が生《う》まれたなぞについて、たくさんの人《ひと》が考《かんが》えてお話《はなし》をつくってきました。さまざまな場所《ばしょ》に、世界《せかい》のはじまり物語《ものがたり》があります。

北《きた》アメリカ

海底《かいてい》のどろから生《う》まれた

動物《どうぶつ》になった神《かみ》さまが、海底《かいてい》のどろをとって、人《ひと》や生《い》き物《もの》をつくったといわれます。

フィンランド

たまごから生《う》まれた

海《うみ》にもぐった大気《たいき》のむすめのひざに、カモメがたまごをうみ、そのたまごから世界《せかい》が生《う》まれたといわれます。

中国《ちゅうごく》

巨人《きょじん》の死体《したい》から生《う》まれた

無《む》から生《う》まれた巨人《きょじん》「盤古《ばんこ》」が、天地《てんち》を押《お》し上《あ》げて死《し》ぬと、その死体《したい》から世界《せかい》のすべてのものができたといわれます。

ノルウェー

火《ひ》と氷《こおり》から生《う》まれた

世界《せかい》は9つあり、まず火《ひ》の世《せ》界《かい》の空気《くうき》が氷《こおり》の世界《せかい》にふれたことで、巨人《きょじん》や神《かみ》が生《う》まれ、神《かみ》の孫《まご》がこの世界《せかい》をつくったといわれます。

ギリシャ

神《かみ》から生《う》まれた

何《なに》もない場所《ばしょ》から大地《だいち》の女神《めがみ》ガイアが生《う》まれ、ガイアは天《てん》の神《かみ》をうみ、その子《こ》どもたちが世《せ》界《かい》のすべてになったといわれます。

科学《かがく》の世界《せかい》では…

138億年《おくねん》くらい前《まえ》、「ビッグバン」とよばれる大《おお》きなばくはつが起《お》こり、宇宙《うちゅう》が生《う》まれたと考《かんが》えられています。その後《ご》、地球《ちきゅう》が生《う》まれ、水《みず》でおおわれ、そのなかでさいしょの生《い》き物《もの》が生《う》まれました。これが科学《かがく》が考《かんが》える世界《せかい》のはじまりです。

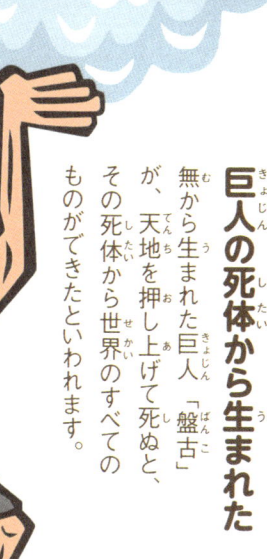

世界《せかい》はこうしてできた！　とある世界《せかい》と人間《にんげん》の物語《ものがたり》

世界中《せかいじゅう》にある、世界《せかい》のはじまり物語《ものがたり》。なかには、「主《しゅ》」とよばれるあるひとつのそんざいが7日間《かかん》で世界《せかい》をつくったと考《かんが》える人《ひと》たちもいます。そのあと、少《すこ》しずつ人間《にんげん》の世界《せかい》ができていったというのです。いったいどんなお話《はなし》なのでしょうか？

①「天《てん》」と「地《ち》」ができた

まず主《しゅ》が「光《ひかり》あれ」と声《こえ》をかけると、世界《せかい》に光《ひかり》と闇《やみ》が生《う》まれ、昼《ひる》と夜《よる》ができた。

主《しゅ》は2日目《かめ》に空《そら》、3日目《かめ》に大地《だいち》と海《うみ》、4日目《かめ》に太陽《たいよう》と月《つき》と星《ほし》をつくられた。5日目《かめ》に魚《さかな》や鳥《とり》、6日目《かめ》に家畜《かちく》やけものをつくられ、最後《さいご》にアダムとイブという人間《にんげん》をつくられた。

7日目《かめ》に主《しゅ》はお休《やす》みになった。

この世界のつくり方
ステップ1
by 神さま
ピカー
①天地をつくる
まず1週間《しゅうかん》かけて、この世界《せかい》のベースをつくったのじゃ

② 「死《し》ぬこと」と「はたらくこと」ができた

アダムとイブは、えいえんに生《い》きられる楽園《らくえん》「エデン」で楽《たの》しくくらしていました。

アハハハ
ウフフフ
でもこの知恵《ちえ》の木《き》の実《み》だけは食《た》べてはならんぞえ
No!

そんな、ある日《ひ》…

この実《み》を食《た》べれば、スゲー能力《のうりょく》が手《て》に入《はい》るぜ？
おいしそうだし食《た》べちゃお！

知恵《ちえ》の木《き》の実《み》を食《た》べたふたりは、自分《じぶん》たちがはだかだと気《き》づきました。

!!
ハズカシ〜
やくそくをやぶったな！
イヤ〜

おこった主《しゅ》に楽園《らくえん》を追《お》い出《だ》されたふたり。いつか死《し》ぬことが決《き》まり、地上《ちじょう》ではたらいてくらすようになりました。

でていけ！

③ 「つみ」と「ばつ」ができた

アダムとイブのあいだにふたりの子《こ》どもが生《う》まれました。

兄《あに》のカインです
弟《おとうと》のアベルです

ある日《ひ》ふたりは主《しゅ》におくりものをしますが、アベルのものだけを主《しゅ》は気《き》に入《い》ります。

ワシこっちがいい

「アベルばかりずるい！」とおこったカインは、アベルをころします。

こ、ころしていませんっ
おぬしアベルを…!?

うそにおこった主《しゅ》はカインを追《お》いだし、世界《せかい》ではじめての「つみ」と「ばつ」となりました。

でていけ！

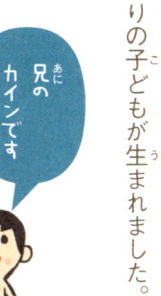

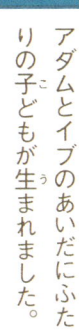

④ 新《あたら》しい世界《せかい》で、言葉《ことば》と国《くに》ができた

地上《ちじょう》でふえた人間《にんげん》たちは、悪《わる》いことばかりしていました。

もうヤダ。
ぜんぶ水《みず》に流《なが》しちゃお…

ノアという人《ひと》とその家族《かぞく》、一《ひと》組《くみ》ずつの動物《どうぶつ》はふねで助《たす》かりますが、ほかは水《みず》に流《なが》され新《あたら》しい世界《せかい》が生《う》まれました。

ノアはいい子《こ》だしゆるすよ

新《あたら》しくできた地上《ちじょう》でまたふえた人間《にんげん》たちは、調子《ちょうし》にのって高《たか》いとうをつくりはじめました。

神さま ウィ〜ス
なまいきな!
ドーン
そのうち天《てん》までとどくべ

おこった主《しゅ》はそれまで同《おな》じだった人間《にんげん》の言葉《ことば》をバラバラにしました。このため、言葉《ことば》のちがいでそれぞれの民族《みんぞく》に分《わ》かれました。

ピカー
なんて??
今日《きょう》も
sunny!

このお話《はなし》は『旧約聖書《きゅうやくせいしょ》』という本《ほん》に書《か》かれた物語《ものがたり》。ユダヤ教《きょう》、キリスト教《きょう》、イスラーム教《きょう》という宗教《しゅうきょう》を信《しん》じている34億人《おくにん》以上《いじょう》の人《ひと》

旧約聖書
Bible

にとって、大切《たいせつ》なお話《はなし》です。主《しゅ》と人間《にんげん》の物語《ものがたり》はこのあともつづき、３つの宗教《しゅうきょう》のもとになっているといわれています。

⑤ このあと人間《にんげん》の世界《せかい》では…

この土地《とち》をあたえよう

アブラハムという人《ひと》がすべての民族《みんぞく》をまとめ、その一族《いちぞく》は主《しゅ》に土地《とち》をやくそくされます。

エジプト
Egypt

でも、まごのヤコブは、兄弟《きょうだい》どうしのあらそいにやぶれてエジプトに追《お》いやられてしまいます。

やくそくの地《ち》へいこう！

ヤコブの子孫《しそん》はエジプト人《じん》のもとではたらかされますが、モーセという人《ひと》にみちびかれ、にげだします。

ルール

助《たす》かった人《ひと》びとは主《しゅ》からルールをいいわたされ、守《まも》るようになりました。これがユダヤ教《きょう》になりました。

94ページにつづく！

ふしぎのふしぎ

宗教《しゅうきょう》って、なに？ どうしてできたの？

生《い》きていると、人《ひと》の力《ちから》ではどうにもできないことにでくわします。そのりゆうをさがし、考《かんが》え方《かた》やくらしを変《か》え、やすらぎを得《え》ようとするのが宗教《しゅうきょう》です。こうした宗教《しゅうきょう》は、なぜできたのでしょうか。

こうして宗教《しゅうきょう》は生《う》まれた！

つらいことはなぜ起《お》こるのだ？

生《い》きていると起《お》こる、つらいことから逃《のが》れたい

生《い》きていると、つらいことも多《おお》くあり、死《し》ぬのがこわくなることもあります。そんな人《ひと》びとのなやみにこたえる方法《ほうほう》をさがす人《ひと》が世界中《せかいじゅう》にあらわれました。

病気《びょうき》になってしまった。死《し》にたくない！
畑《はたけ》がぜんめつだ。つらい。どうして…

よいことも悪《わる》いことも
ぜんぶ神《かみ》のおかげ!

神《かみ》にすくってもらうために やくそくごとをつくった

神《かみ》にすくってもらいたいなら、
このやくそくを守《まも》るのじゃ～
信《しん》じます

すべては神《かみ》のなせるわざと考《かんが》え、神《かみ》に自分《じぶん》たちをすくってもらうためのルールをつくった人《ひと》たちがあらわれました。おそなえやおいのりの方法《ほうほう》、生活《せいかつ》の決《き》まりもルールにされ、それをまとめたものが、宗教《しゅうきょう》になりました。

よいことも悪《わる》いことも
自分《じぶん》の心《こころ》しだい!

人間《にんげん》の生《い》き方《かた》を考《かんが》えた人《ひと》たちがあらわれた

人《ひと》がどう生《い》きるべきか、
答《こた》えが
出《で》ました。
お教《おし》えします
信《しん》じます

自分《じぶん》の身《み》に起《お》きたことは世界《せかい》のしくみや自分《じぶん》の考《かんが》え方《かた》で決《き》まるとして、「人《ひと》はどう生《い》きればいいのか」「どうしたら死《し》ぬのがこわくなくなるか」を考《かんが》えぬいた人《ひと》たちがあらわれました。このような人《ひと》の教《おし》えをまとめたものも宗教《しゅうきょう》となりました。

こうして宗教《しゅうきょう》はふえていった！

今《いま》、世界《せかい》にある宗教《しゅうきょう》の数《かず》は7000から8000ほどといわれています。

なぜそんなにたくさんふえたのでしょうか？

たとえば、こんなお話《はなし》があります。

そのむかし、外国《がいこく》から伝《つた》わった宗教《しゅうきょう》をうやまうある国《くに》では、こんな風《ふう》に考《かんが》える人《ひと》が出《で》てきました。

この宗教《しゅうきょう》、あわなくない？

みんな
つらそう…
ルールが
きびしすぎるのかな
モウダメ…
うう…

なんか最近《さいきん》、
みんな
おかしいな…
この教《おし》えは
すごいんだから、
きっとオレもすごい。
だから
言《い》うこと聞《き》け！
金《かね》も出《だ》せ〜
…

外国《がいこく》ではこんないい
教《おし》えがあるのね。
でも、うちの国《くに》に
なじむかしら？
う〜ん
ルール

みんなにあう新《あたら》しい宗教《しゅうきょう》をつくった！

そうだ！
みんながうまく
守《まも》れるように、
ルールを
変《か》えちゃおう！
教《おし》えを自分《じぶん》たちの
つごうのよいように
つかっている人《ひと》たちが
いるようだね。
よし、もともとの教《おし》えを
思《おも》い出《だ》してみよう！
そうだ！
この土地《とち》のくらしに
合《あ》わせて、ルールを
ちょっと
変《か》えちゃおう！

ははははは
はあ？
こっちを信《しん》じます！
だろ〜♫
こっちを信《しん》じます！
うぬ〜
うんうん
こっちを信《しん》じます！

このように宗教《しゅうきょう》を自分《じぶん》たちにとってよりよくしたいという思《おも》いから、ルールのちがう「宗派《しゅうは》」というグループに分《わ》かれたり、まったく新《あたら》しい宗教《しゅうきょう》が生《う》まれたりしました。こうしたことをくりかえしたため、宗教《しゅうきょう》の数《かず》はどんどんふえていったのです。

ふしぎのふしぎ

世界《せかい》には、どんな宗教《しゅうきょう》があるの？

世界《せかい》の人《ひと》びとのくらしに大《おお》きなえいきょうをあたえてきた宗教《しゅうきょう》。同《おな》じ宗教《しゅうきょう》でもいくつかの宗派《しゅうは》に分《わ》かれ、それぞれにとくちょうがあります。どんなものがあるか、見《み》ていきましょう！

世界《せかい》の宗教《しゅうきょう》Map
あくまでも
だいたいの分《わ》け方《かた》で個人《こじん》によりちがいます。

仏教《ぶっきょう》

生《い》きることは苦《くる》しみの連続《れんぞく》

信者《しんじゃ》は約《やく》5億人《おくにん》。約《やく》2600年前《ねんまえ》のインドで、ブッダという人《ひと》が教《おし》えをつくりました。苦《くる》しみと向《む》き合《あ》うことを大切《たいせつ》にしています。

- キリスト教《きょう》（カトリック）
- キリスト教《きょう》（プロテスタント）
- キリスト教《きょう》（東方正教会《とうほうせいきょうかい》）
- イスラーム教《きょう》（シーア派《は》）
- イスラーム教《きょう》（スンニ派《は》）
- 民族宗教《みんぞくしゅうきょう》ほか
- 民族宗教《みんぞくしゅうきょう》＋キリスト教《きょう》
- 民族宗教《みんぞくしゅうきょう》＋キリスト教《きょう》＋イスラーム教《きょう》
- ヒンドゥー教《きょう》
- チベット仏教《ぶっきょう》
- 仏教《ぶっきょう》＋神道《しんとう》
- 仏教《ぶっきょう》＋儒教《じゅきょう》＋道教《どうきょう》など

キリスト教《きょう》

愛《あい》を大切《たいせつ》に生《い》きよう

信者《しんじゃ》は約《やく》21億人《おくにん》。神《かみ》の子《こ》キリストの教《おし》えを大切《たいせつ》にします。ヨーロッパの文化《ぶんか》やれきしにも深《ふか》くかんけいします。

カトリック

教会《きょうかい》の教《おし》えを大切《たいせつ》にする宗派《しゅうは》。神父《しんぷ》にしたがいます。

プロテスタント

教会《きょうかい》よりも聖書《せいしょ》の教《おし》えを大切《たいせつ》にする宗派《しゅうは》。

ヒンドゥー教《きょう》

生《い》き物《もの》は死《し》んでも、また生《う》まれ変《か》わる

信者《しんじゃ》は約《やく》9億人《おくにん》。体《からだ》をあらい清《きよ》めること、体《からだ》をきたえる「ヨガ」などの修行《しゅぎょう》をつづけることを大切《たいせつ》にしています。

つづく ←

イスラーム教《きょう》

ゆいいつの神《かみ》
「アッラー」の言葉《ことば》を守《まも》る

信者《しんじゃ》は約《やく》16億人《おくにん》。「コーラン（クルアーン）」というやくそくの書《しょ》に、平和《へいわ》を愛《あい》する教《おし》えが書《か》かれています。

シーア派《は》

イランを中心《ちゅうしん》に少数《しょうすう》で信《しん》じられ、リーダーとなるべき人《ひと》の血筋《ちすじ》を重《おも》んじます。

スンニ派《は》

中東《ちゅうとう》、北《きた》アフリカ、東《とう》南《なん》アジアなどで多数《たすう》の人《ひと》に信《しん》じられ、ムハンマドの教《おし》えを大切《たいせつ》にします。

ゾロアスター教《きょう》

世界《せかい》は、善《ぜん》と悪《あく》のどちらかだ

古代《こだい》ペルシアででき、イランなどで信《しん》じられています。神《かみ》をあらわす「火《ひ》」を大切《たいせつ》にします。

ユダヤ教《きょう》

やくそくを守《まも》れば、あなたは神《かみ》に守《まも》られる

神《かみ》ヤハウェとのきびしいやくそくを大切《たいせつ》にしています。

インドなどで信《しん》じられ、信者《しんじゃ》は約《やく》5000万人《まんにん》。かみの毛《け》を切《き》らず頭《あたま》にターバンをまきます。

シク教《きょう》

ブードゥー教《きょう》

のろいを使《つか》い、最大《さいだい》の罪人《ざいにん》はゾンビにします。

カオダイ教《きょう》

植民地《しょくみんち》支配《しはい》のあとのベトナムで、キリスト教《きょう》や仏教《ぶっきょう》など5つの宗教《しゅうきょう》をまぜてつくられました。

ジャイナ教《きょう》

インドなどで信《しん》じられています。生物《せいぶつ》をきずつけない「アヒンサー」の教《おし》えを守《まも》ります。

神《しん》道《とう》

自然《しぜん》のなかに八百万《やおよろず》の神《かみ》がいると考《かんが》えています。日本《にほん》で信《しん》じられています。

儒《じゅ》教《きょう》

孔子《こうし》という人《ひと》の教《おし》え。「仁《じん》」と「礼《れい》」を大切《たいせつ》にする中国《ちゅうごく》の宗教《しゅうきょう》です。

道《どう》教《きょう》

中国《ちゅうごく》の宗教《しゅうきょう》で、信者《しんじゃ》は約《やく》3000万人《まんにん》。真理《しんり》をきわめ、仙人《せんにん》をめざす人《ひと》も。

同《おな》じ神《かみ》なのに戦争《せんそう》になることも…

たとえば、ユダヤ教《きょう》、キリスト教《きょう》、イスラーム教《きょう》は同《おな》じ神《かみ》を信《しん》じています。ところが時代《じだい》によっては戦争《せんそう》になることもあったのです。そのりゆうに、パレスチナという土地《とち》のとりあいがありました。

このパレスチナは
ヘブライ人《じん》が
神《かみ》にやくそくされた
場所《ばしょ》だ!

ヘブライ人《じん》は中東《ちゅうとう》のパレスチナ地方《ちほう》で王国《おうこく》をつくります。

イスラエル

ヘブライ人《じん》は「自分《じぶん》たちは神《かみ》にえらばれた」と考《かんが》えます。

すべて神《かみ》のしれん、
だから つらくても 平気《へいき》!

これがユダヤ教《きょう》に!

ユダヤ教《きょう》という、神《かみ》とのやくそくごとを守《まも》る人《ひと》はユダヤ人《じん》とよばれました。

タコ、イカ、貝 エビ食べちゃダメ!
病気の人に会っちゃダメ!
神の名前言っちゃダメ!
守《まも》るのがたいへんだ!

700年《ねん》ほど前《まえ》、イスラーム教《きょう》の信者《しんじゃ》たちがパレスチナを勝《か》ちとり、長《なが》くおさめることになりました。

このあとも3つの宗教《しゅうきょう》はパレスチナをとりあって何度《なんど》も戦争《せんそう》をしました。今《いま》はイスラエルというユダヤ人《じん》の国《くに》ができています。

テレビ番組《ばんぐみ》で取《と》り上《あ》げられる宗教《しゅうきょう》のあらそいも、教《おし》えのちがいだけでなく、こうした土地《とち》のれきしからはじまっていることが多《おお》くあります。

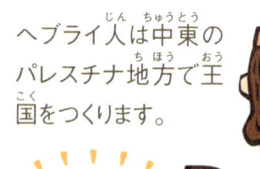

パレスチナで生《う》まれたユダヤ人《じん》のイエスは、「たくさんのやくそくごとよりも愛《あい》がだいじだ」という教《おし》えをはじめ、死《し》後《ご》も信者《しんじゃ》はふえていきました。

イエス・キリストと
よばれたよ

これがキリスト教《きょう》に!

パレスチナはキリスト教《きょう》を信《しん》じるヨーロッパの国《くに》に支配《しはい》され、ユダヤ人《じん》は世界《せかい》中《じゅう》にちらばってしまいました。

ローマ
ローマ
ローマ

いつか国《くに》をもう一度《いちど》…
ユダヤ人《じん》はいつかパレスチナに帰《かえ》ることをねがい、何《なん》百年《びゃくねん》もたえました。

数百年《すうひゃくねん》後《ご》、パレスチナの近《ちか》くで、ムハンマドという人《ひと》が神《かみ》からおつげを受《う》け、教《おし》えをはじめました。

これがイスラーム教《きょう》に!

そのころパレスチナにすんでいたアラブ人《じん》にも、イスラーム教《きょう》は広《ひろ》まりました。キリスト教《きょう》を信《しん》じるヨーロッパの国《くに》は、イエスの生《う》まれたパレスチナを聖《せい》なる地《ち》と考《かんが》えていたので、あせります。パレスチナをとりかえすため十字軍《じゅうじぐん》という軍《ぐん》をつくると、イスラーム教《きょう》の信者《しんじゃ》たちに何度《なんど》も戦争《せんそう》をしかけ、土地《とち》をとりあいました。

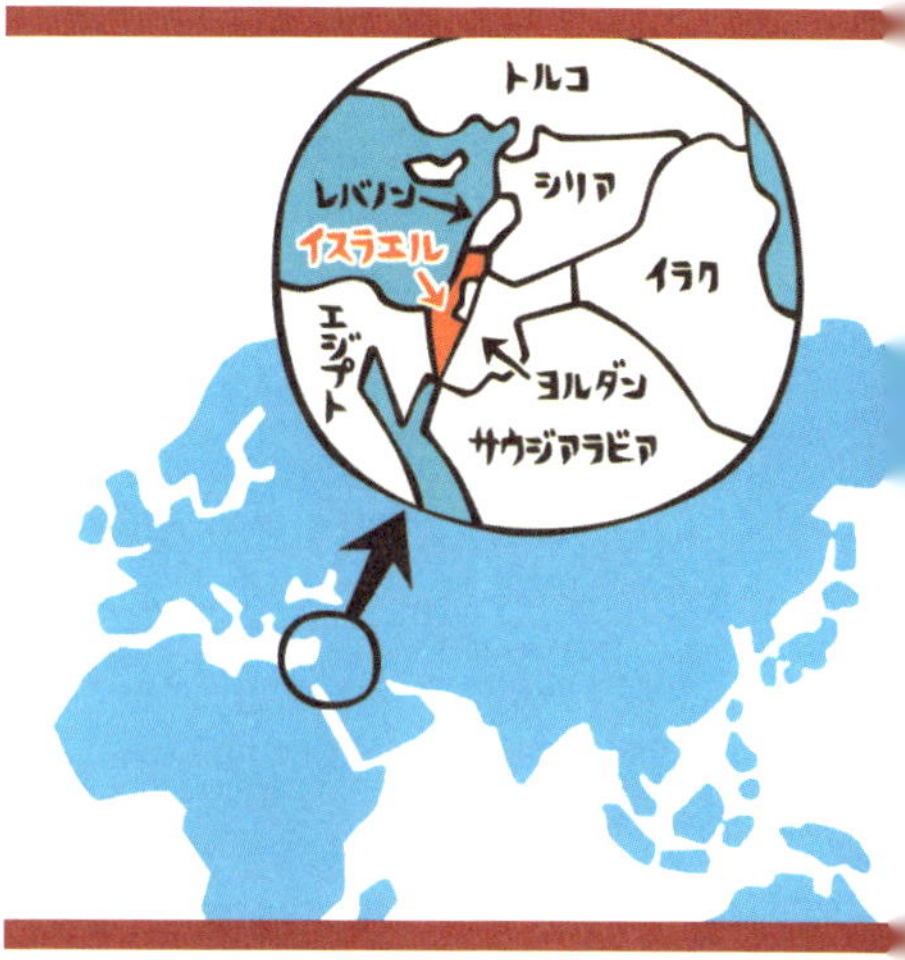
トルコ
レバノン
シリア
イスラエル
イラク
エジプト
ヨルダン
サウジアラビア

死後《しご》の世界《せかい》って、あるの？

それには人《ひと》によっていろいろな考《かんが》えがあります。どれが正《ただ》しいかは、死《し》ぬまでわかりません。だから、とりあえずは、今《いま》ある毎日《まいにち》を思《おも》いきり楽《たの》しみましょう！

ある！　けどまだ行《い》けない

ある！　死《し》んだら行《い》ける！

死《し》んだら「天国《てんごく》」「煉獄《れんごく》」「地獄《じごく》」のどれかにだいたい行《い》くわ。煉獄《れんごく》は、地獄《じごく》に落《お》ちるほどの悪人《あくにん》でもないけど天国《てんごく》にも入《はい》れない、という人《ひと》が行《い》くところ。そこでつみをつぐなったら、天国《てんごく》に行《い》けるわよ。

キリスト教徒《きょうと》カトリック派《は》・マリアさんの話《はなし》

ある！

イスラーム教徒《きょうと》・サッダームさんの話《はなし》

死《し》ぬと、天使《てんし》がしつもんしてきて、「よいおこない」と「悪《わる》いおこない」の書物《しょもつ》を天《てん》びんにかけます。「よいおこない」が重《おも》ければ天国《てんごく》に行《い》けるけど、「悪《わる》いおこない」が重《おも》いと地獄《じごく》行《い》き！

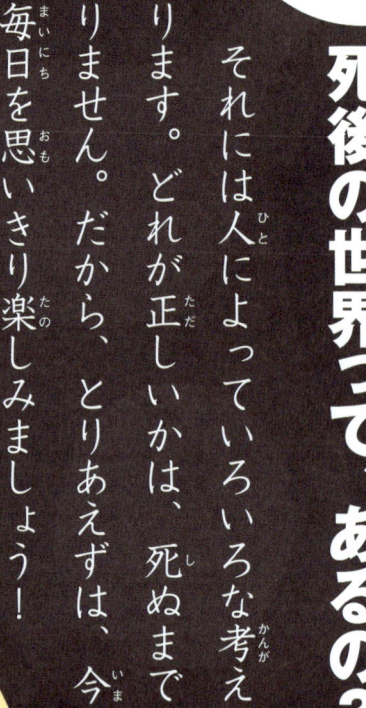

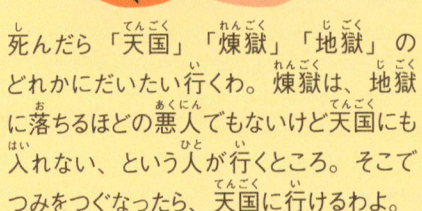

いつもある!

ヒンズー教徒《きょうと》・プージャさんの話《はなし》

この世界《せかい》のなかに、天界《てんかい》も地獄《じごく》も人間界《にんげんかい》もあり、すべての生《い》き物《もの》は死《し》ぬと生《う》まれ変《か》わります。おこないがよければ人間《にんげん》や天界《てんかい》の住人《じゅうにん》になり、悪《わる》ければ動物《どうぶつ》や地獄《じごく》の住人《じゅうにん》になります。仏教《ぶっきょう》でもそうですね。

キリスト教徒《きょうと》プロテスタント派《は》・ジョンさんの話《はなし》

死《し》んだあともたましいはこの世《よ》に残《のこ》り、キリストが復活《ふっかつ》するのをずっと待《ま》つんだ。世界《せかい》のおわりにキリストが復活《ふっかつ》したら、死者《ししゃ》も体《からだ》ごとよみがえり、ずっと天国《てんごく》でくらせるのさ。でも信者《しんじゃ》じゃないと、復活《ふっかつ》しても地獄《じごく》で苦《くる》しみを受《う》けるかも…。

あるけど、帰《かえ》ってくる

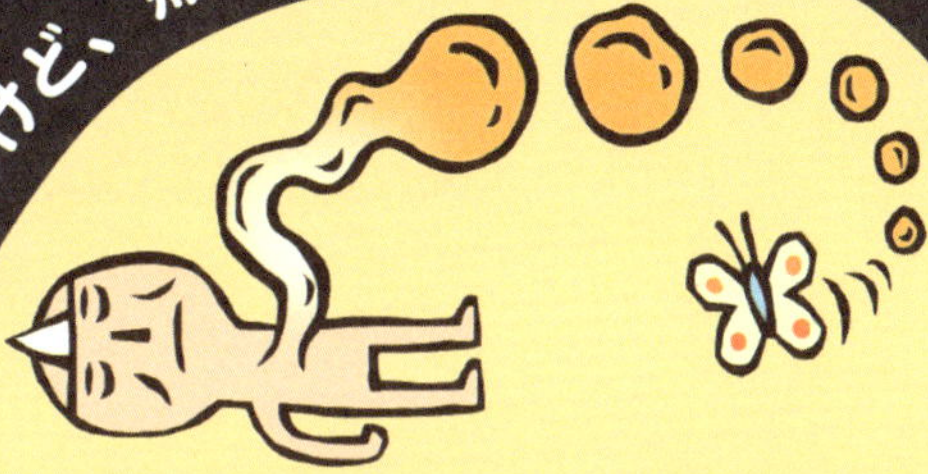

中国《ちゅうごく》のトールン族《ぞく》・キャンナさんの話《はなし》

人《ひと》は9つのたましいをもち、死《し》ぬと「アシ」といううれいこんになるよ。アシは、あの世《よ》にしばらくとどまったあと、チョウに生《う》まれ変《か》わって、この世《よ》にもどってくるんだ。

ない!

パプアニューギニアのキリウィナ諸島《しょとう》・ジャーミーさんの話《はなし》

死《し》んだ人《ひと》のたましいは、カヌーに乗《の》って「トゥマ」という小《ちい》さな島《しま》に向《む》かうんだ。そこには「死者《ししゃ》の村《むら》」があって、たましいはこの世界《せかい》にとどまりつづけるのさ。

科学《かがく》が考《かんが》えるふしぎな異世界《いせかい》

科学《かがく》ではこの世界《せかい》のことを、
わたしたちがくらす
宇宙《うちゅう》のことと考《かんが》えます。
そして宇宙《うちゅう》は、「ビッグバン」という
ばくはつから生《う》まれたとされています。
では、宇宙《うちゅう》の外《そと》には
何《なに》があるのでしょうか？
そこには、わたしたちの世界《せかい》とは
まったくちがう世界《せかい》が広《ひろ》がっている。
そう考《かんが》える科学者《かがくしゃ》がいるのです。
この説《せつ》を「ブレーンワールド」
といいます。

宇宙《うちゅう》はみそしるに入《はい》っているワカメのような形《かたち》をしていると考《かんが》えられています。
あらゆる光《ひかり》や物質《ぶっしつ》は、宇宙《うちゅう》の外《そと》に出《で》ることはできません。

ほかの宇宙《うちゅう》(ブレーン)
べつの次元《じげん》の世界《せかい》です。これらは「パラレルワールド」ともよばれています。
ビッグバンは、宇《う》宙《ちゅう》と宇宙《うちゅう》がぶつかって起《お》きたと考《かんが》えられています。
バルクとよばれる空間《くうかん》
この空間《くうかん》には、宇宙《うちゅう》(ブレーン)がたくさんあると考《かんが》えられています。

パラレルワールドって?

わたしたちの知《し》らないもうひとつの世界《せかい》として、お話《はなし》などでもよく考《かんが》えられていました。これが科学的《かがくてき》にも考《かんが》えられるようになり、たくさんの研究《けんきゅう》が進《すす》められています。ただしパラレルワールドに何《なに》があるのかは、だれにもわかりません。もしかしたら、まったく別《べつ》の“何《なに》か”があるのかも…。

ふしぎのふしぎ

「世界《せかい》の七《なな》ふしぎ」って、なに？

「世界《せかい》の七《なな》ふしぎ」と聞《き》くと、なんだかあやしい、ふしぎなものごとや場所《ばしょ》があるのかなと思《おも》いますよね。

でも、もともとは、古代《こだい》ギリシアのフィロンという人《ひと》が「7つのすばらしい景色《けしき》」として本《ほん》に書《か》いたもののことでした。

それが何百年《なんびゃくねん》もたってから日本《にほん》に

＼トルコ／

エフェソスのアルテミス神殿《しんでん》

てきに7回《かい》こわされ、7回《かい》たて直《なお》されました。

＼エジプト／

ギザの大《だい》ピラミッド

石《いし》のブロックを230万《まん》こも積《つ》みあげた!

ほとんど戦争《せんそう》でこわされました。
戦争《せんそう》って、人《ひと》の命《いのち》だけでなく、れきしもこわしてしまうんですね～。
いやはや

フィロン氏《し》

伝《つた》わったとき、どうやってたてたのかわからない「7つのふしぎな建《た》て物《もの》」のことだと思《おも》われて、「世《せ》界《かい》の七《なな》ふしぎ」というよび方《かた》になってしまったのです。むしろ、こっちのほうがふしぎな話《はなし》ですね。

　ざんねんながら、今《いま》ものこっているのは、ピラミッドだけです。

＼イラク／

バビロンの空中庭園《くうちゅうていえん》

高《たか》さ25メートルのテラスに、木《き》や草花《くさばな》が!

＼ギリシャ／

ロドス島《とう》のヘリオスの巨像《きょぞう》

高《たか》さ34メートル! 港《みなと》をまたぐようにつくられました。

＼トルコ／

ハリカルナッソスのマウソロスれいびょう

高《たか》さ50メートルの巨大《きょだい》なおはかです。

＼エジプト／

アレクサンドリアの大灯台《だいとうだい》

鏡《かがみ》で光《ひかり》をはねかえし、船《ふね》に方角《ほうがく》を教《おし》えました。

＼ギリシャ／

オリンピアのゼウス像《ぞう》

体《からだ》はゾウのキバ、服《ふく》は黄金《おうごん》です。

じゃあ、ふしぎな場所《ばしょ》ってなくなっちゃったの？

いいえ。世界《せかい》には、だれがどうやってつくったのかわからないものや、きせきとしか言《い》いようのないふしぎな景色《けしき》がまだたくさんあります。世界《せかい》は、まだまだ、なぞにみちているのです。

時間《じかん》が止《と》まってるみたい!

ウェーブロック（オーストラリア）

27億年《おくねん》かけて雨《あめ》や風《かぜ》が岩《いわ》をけずり、大《おお》きな波《なみ》のようなふしぎな形《かたち》をつくりだしました。

10メートルの宝石《ほうせき》がならぶ!

クリスタルのどうくつ（メキシコ）

地下《ちか》300メートルの場所《ばしょ》に、とうめいな石《いし》が何百本《なんびゃっぽん》も生《は》えています。

なぞにつつまれた大《おお》きな石《いし》

ストーンヘンジ（イギリス）

広《ひろ》い草原《そうげん》に、高《たか》さ5～7メートルもの石《いし》の柱《はしら》が円形《えんけい》にならべられています。古代《こだい》の遺跡《いせき》なのかまだよくわかっていません。

島《しま》をぐるりと約《やく》900体《たい》でかこむ!

イースター島《とう》のモアイ像《ぞう》（チリ）

だれがなぜつくったのかわかりません。像《ぞう》の下《した》に人《ひと》のほねが見《み》つかり、おはかではないかとも考《かんが》えられています。

世界一《せかいいち》たくさん落《お》ちる!

カタトゥンボ川《がわ》のかみなり（ベネズエラ）

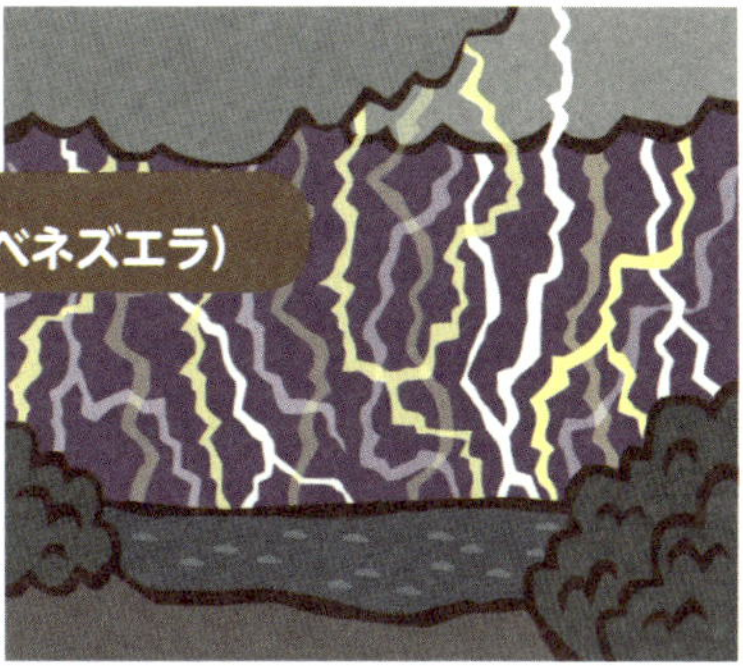

1時間《じかん》に最大《さいだい》3600回《かい》、1日《にち》で約《やく》4万回《まんかい》も落《お》ちます。しかも音《おと》がまったく鳴《な》りません。そのりゆうも不明《ふめい》です。

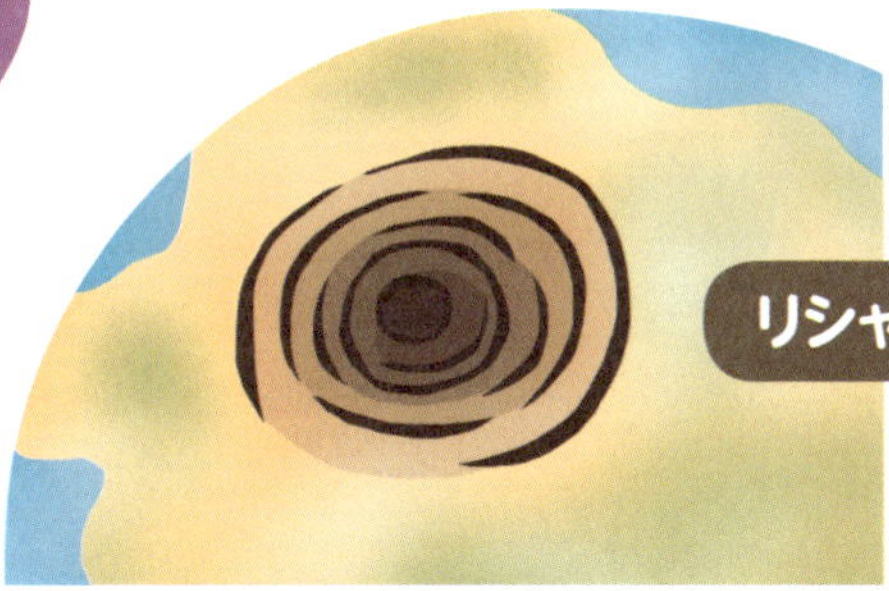

宇宙《うちゅう》からも見《み》える「地球《ちきゅう》の目《め》」

リシャットこうぞう（モーリタニア）

低《ひく》い山《やま》がいくつも重《かさ》なってできました。直径《ちょっけい》は約《やく》50キロメートル!

未来人《みらいじん》がつくった?

アンティキティラ島《とう》の機械《きかい》（ギリシャ）

紀元前《きげんぜん》100年《ねん》ごろの星《ほし》の動《うご》きを計算《けいさん》する機械《きかい》。30こ以上《いじょう》の歯車《はぐるま》が組《く》み合《あ》わされていますが、こんなぎじゅつは1000年後《ねんご》にならないと出《で》てこないはずで、だれがつくったのかもなぞです。

ふしぎのふしぎ

ハロウィンって、なんでへんなかっこうをするの？

ハロウィンは、毎年《まいとし》10月《がつ》31日《にち》におこなわれる、秋《あき》のお祭《まつ》りです。

家《いえ》の前《まえ》に「ジャック・オー・ランタン」とよばれる、カボチャでつくったおばけのランプをかざったり、おばけのかっこうをして夜《よる》の町《まち》を行進《こうしん》したりします。

でも、お祭《まつ》りなのに、どうしてぶきみなかっこうをするのでしょうか？

もともとハロウィンは、ヨーロッパでくらしていたケルト人《じん》がはじめたもので、農作物《のうさくもつ》がとれたことをい

わうお祭《まつ》りでした。農作物《のうさくもつ》をとりおわると冬《ふゆ》になり、悪《わる》いまじょやれいがやってくる、とケルト人《じん》は信《しん》じていました。だから、自分《じぶん》たちもおそろしいかっこうをして、まじょやれいが近《ちか》づかないようにしようと考《かんが》えたのです。

このハロウィンが世界中《せかいじゅう》に広《ひろ》まるうちに、今《いま》の形《かたち》に変《か》わりました。

おもしろい！ 世界《せかい》のお祭《まつ》り

もともとは季節《きせつ》をよろこんだり、宗教《しゅうきょう》の行事《ぎょうじ》をいわうことが多《おお》かった、お祭《まつ》り。ほかにも、びっくりするような楽《たの》しいお祭《まつ》りが、各地《かくち》でおこなわれています。

11月

町中《まちじゅう》ガイコツでいっぱい!

死者《ししゃ》の日《ひ》

メキシコの11月1日《がつついたち》と2日《ふつか》は、死《し》んだ子《こ》どもやご先祖《せんぞ》さまのたましいが帰《かえ》ってくる日《ひ》。ガイコツの形《かたち》のおかしやお面《めん》をかざり、顔《かお》にガイコツのペイントをして出歩《である》きます。ガイコツはこわいものではなく、生《う》まれ変《か》わりのシンボルなのです。

2月

パンケーキを落《お》とさずに走《はし》れ!

パンケーキ・デー

イギリスでは、この春《はる》の日《ひ》にパンケーキを焼《や》いて食《た》べ、「パンケーキレース」もおこなわれます。むかし、パンケーキを焼《や》いていた女《おんな》の人《ひと》がおいのりの時《じ》間《かん》におくれて、フライパンを持《も》ったまま教会《きょうかい》まで走《はし》ったのが、レースのはじまりです。

3

5月

大人《おとな》も子《こ》どももネコに変身《へんしん》!

ネコ祭《まつ》り

3年《ねん》に一度《いちど》、ベルギーのイーペルという町《まち》ではネコのかっこうをした人《ひと》がネコの山車《だし》を引《ひ》いて歩《ある》きます。むかし「ペスト」という病気《びょうき》を運《はこ》んできたネズミを、ネコがやっつけてくれたことにかんしゃして、はじまりました。

1月

いたそうで見《み》ていられない!

タイプーサム

マレーシアやシンガポールでおこなうヒンドゥー教《きょう》のお祭《まつ》り。体中《からだじゅう》にはりをさした信者《しんじゃ》が「カバディ」とよばれるおみこしに乗《の》ります。神《かみ》さまを信《しん》じる気持《きも》ちが強《つよ》いほど、多《おお》くのはりをさします。

3月

どこもかしこもレインボー

ホーリー

インドやネパールの、春《はる》のしゅうかくをおいわいするお祭《まつ》り。前夜《ぜんや》にたき火《び》をし、当日《とうじつ》は色《いろ》のついた水《みず》や粉《こな》をみんなでかけ合《あ》い、町全体《まちぜんたい》がカラフルな色《いろ》にそまります。

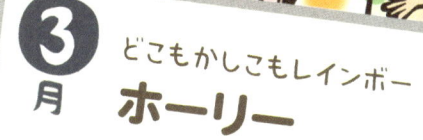

世界《せかい》のサンタ、大集合《だいしゅうごう》！

世界中《せかいじゅう》でにぎわうお祭《まつ》りといえば、クリスマス！
もともとはキリスト教《きょう》の行事《ぎょうじ》で、
イエス・キリストのたんじょうをいわうものです。
国《くに》によって、じつはいろんなサンタクロースがいます。

聖《せい》ニコラウスと黒《くろ》いペテロ（オランダ）

聖《せい》ニコラウスはサンタのモデルになった司教《しきょう》。ペテロは日《ひ》ごろのおこないを本《ほん》に記録《きろく》していて、悪《わる》い子《こ》はつえで追《お》いはらわれます。

ファーザークリスマス（イギリス）

パーティーが大好《だいす》き! もともとは緑色《みどりいろ》や青色《あおいろ》の服《ふく》を着《き》ていました。

魔女《まじょ》ベファーナ（イタリア）

よい子《こ》にはプレゼントを配《くば》り、悪《わる》い子《こ》にはくつ下《した》の中《なか》に炭《すみ》を入《い》れていきます。

13人《にん》のようせいが毎日《まいにち》ひとりずついたずらをしにきます。

ユールラッズ（アイスランド）

聖女《せいじょ》ルチア（スウェーデン）

白《しろ》いドレスに赤《あか》いリボンをまいたすがたで、光《ひかり》とともにあらわれます。

聖《せい》ニコラウスとクネヒト・ルプレヒト（ドイツ）

よい子《こ》は聖《せい》ニコラウスからプレゼントをもらえ、悪《わる》い子《こ》はめしつかいのクネヒト・ルプレヒト（黒《くろ》いサンタクロース）におしおきされます。

三博士《さんはかせ》（メキシコ）

キリストが生《う》まれたときにおくりものをした3人《にん》の博士《はかせ》が、プレゼントを持《も》ってやってきます。

怪物《かいぶつ》クランプス

聖《せい》ニコラウスが来《く》る前《まえ》に、悪《わる》い子《こ》におしおきをします。

ふしぎの
ふしぎ

ほかの国《くに》にも、ようかいっているの？

たくさんいます！

人《ひと》や動物《どうぶつ》の形《かたち》をした化《ば》け物《もの》、モンスター、ようせいやあくまも、名前《なまえ》はちがいますが、日本《にほん》のようかいと同《おな》じようなそんざいです。目《め》には見《み》えないふしぎなことにすがたや形《かたち》があたえられ、たくさんのようかいが、世《せ》界各地《かいかくち》で生《う》まれました。

アルラウネ（ドイツ）

植物《しょくぶつ》のようかい。土《つち》からむりやり引《ひ》きぬくと、ひめいをあげ、それを聞《き》いた者《もの》は死《し》んでしまいます。

蛇骨《じゃこつ》ばばあ（中国《ちゅうごく》）

右手《みぎて》の青《あお》ヘビは、あらゆるものをこおらせる青《あお》いほのおをはき、左手《ひだりて》の赤《あか》ヘビは、あらゆるものを焼《や》きつくす赤《あか》いほのおをはきます。

アシャンティ（中央《ちゅうおう》アフリカ）

ジャングルにすみ、ヒューヒューと気味《きみ》の悪《わる》い音《おと》を出《だ》して人《ひと》をよびよせ、かんたんな3つのしつもんをしてきます。正解《せいかい》すると、手足《てあし》をさかさまにつけかえられて死《し》にます。

チョンチョン（南《みなみ》アメリカ）

くらい夜《よる》、「チュエ、チュエ」というぶきみな鳴《な》き声《ごえ》をあげて飛《と》び回《まわ》り、家《いえ》でねている人《ひと》の血《ち》をすいます。血《ち》をすわれた人《ひと》はチョンチョンになってしまいます。

ウェンディゴ（北《きた》アメリカ）

旅人《たびびと》や村人《むらびと》をさらい、食《た》べるのが好《す》きな巨人《きょじん》で、人《ひと》にもとりつくことも。とりつかれると、人《ひと》の肉《にく》が食《た》べたくてしかたなくなり、最後《さいご》には死《し》にます。

ブギーマン（世界各地《せかいかくち》）

クローゼットやベッドの下《した》などにかくれ、親《おや》の言《い》うことをきかない子《こ》や、悪《わる》さをする子《こ》を見《み》つけると、大《おお》きなふくろに入《い》れてあくまに売《う》りわたしてしまいます。

ふしぎの
ふしぎ

むかし話《ばなし》って、ふしぎな話《はなし》が多《おお》いよね？

たとえば『シンデレラ』。まほうで、カボチャが馬車《ばしゃ》になったり、ガラスのくつがあらわれたり、ふしぎなことがいっぱい起《お》こりますよね。でも、はじめは、そこまでふしぎなお話《はなし》ではありませんでした。

『シンデレラ』は、２０００年《ねん》以上前《いじょうまえ》のエジプトで起《お》きた『ロドピスのくつ』というお話《はなし》がもとになっています。

そこまでふしぎじゃなかった！

シンデレラのもとの物語《ものがたり》『ロドピスのくつ』

① むかしギリシアの北《きた》に、ドーリカというむすめがいました。ドーリカは、家族旅《かぞくりょ》行中《こうちゅう》に海《かい》ぞくにゆうかいされ、どれいとして売《う》られてしまいます。

②
ドーリカは美《うつく》しく成長《せいちょう》し、バラ色《いろ》のほほをした美《うつく》しい女《おんな》という意味《いみ》で「ロドピス」とよばれるようになります。

エジプトのおじいさんの家《いえ》ではたらきはじめました。

③
あるときロドピスが水《みず》あびをしていると、1羽《わ》のワシが空《そら》からおりてきて、かたほうのくつを持《も》ちさってしまいました。

④
ワシはエジプトの王《おう》さまのひざにくつを落《お》としました。

大臣《だいじん》は「あのワシはきっと神《かみ》の使《つか》い。くつの持《も》ち主《ぬし》とけっこんせよという神《かみ》のおみちびきですよ」と王《おう》さまに言《い》います。

⑤
王《おう》さまはくつの持《も》ち主《ぬし》をさがしあてました。
すると王《おう》さまはロドピスにひとめぼれ。
ふたりはけっこんして幸《しあわ》せにくらしました。

これが多《おお》くの人《ひと》に伝《つた》わるうちに、お話《はなし》がもっとおもしろくなるような、ふしぎなできごとがつけ加《くわ》えられていきました。
そしてフランス人《じん》のペローが書《か》いた本《ほん》が世界《せかい》に伝《つた》わり、みんなが知《し》っているシンデレラの物語《ものがたり》になりました。
むかし話《ばなし》にふしぎな話《はなし》が多《おお》いのは、人《ひと》が伝《つた》える物語《ものがたり》だからなのです。

もっとふしぎ！ 世界《せかい》のそっくりなむかし話《ばなし》

『シンデレラ』のように、じっさいのできごとをもとにつくられたむかし話《ばなし》は多《おお》くあります。

でも、世界《せかい》には、もっとふしぎなことがあります。

遠《とお》くはなれた国《くに》なのに、なぜかそっくりなむかし話《ばなし》が伝《つた》わっているのです。

ウクライナの話《はなし》

豆太郎《まめたろう》

あるところに、父《ちち》と母《はは》と３人《にん》の子《こ》どもがくらしていました。ところが子《こ》どもたちがドラゴンにさらわれます。母《はは》は泣《な》きました。なみだがこぼれた地面《じめん》

イギリスの話《はなし》

親指《おやゆび》トム

まほう使《つか》いマーリンは、旅《たび》のとちゅうにあるふうふの家《いえ》にとめてもらい、おれいに親指《おやゆび》ほどの大《おお》きさの男《おとこ》の子《こ》トムをまほうで授《さず》けます。いたずら好《ず》きのトムは、プリンのなかにとびこんだり、牛《うし》に飲《の》みこまれたりと、いろいろなピンチにあいます。でもさいごは王《おう》さまに気《き》に入《い》られ、おしろで幸《しあわ》せにくらすようになりました。

からエンドウ豆《まめ》がにょきにょきと生《は》え、さやから豆太郎《まめたろう》が生《う》まれました。

豆太郎《まめたろう》はドラゴンたいじにでかけます。とちゅうで出会《であ》った3人《にん》のまほう使《つか》いとともにドラゴンをたおし、子《こ》どもたちをつれて帰《かえ》ることができました。

むかしは旅人《たびびと》からほかの国《くに》の物語《ものがたり》がよく伝《つた》えられました。でも、べつの国《くに》で同《おな》じような話《はなし》がぐうぜんできることもあります。国《くに》がちがっても、人《ひと》が好《この》む話《はなし》や面白《おもしろ》いと思《おも》うことは、あんまり変《か》わらないのかもしれませんね。

ドイツの話《はなし》

運《うん》のいいハンス

ハンスはご主人《しゅじん》に金《きん》のかたまりをもらいました。でも重《おも》すぎて家《いえ》まで運《はこ》べません。そこへ馬《うま》に乗《の》った騎士《きし》があらわれ、金《きん》と馬《うま》を交《こう》かんしてくれました。でもハンスは馬《うま》に乗《の》れませんでした。すると、村人《むらびと》が馬《うま》と牛《うし》を交《こう》かんしてくれました。その後《ご》もハンスは道《みち》で人《ひと》に出会《であ》い、牛《うし》を子《こ》ブタと、子《こ》ブタをガチョウと、ガチョウをただの重《おも》い石《いし》と交《こう》かんします。そしてさいごには井戸《いど》に石《いし》を落《お》としてしまいました。

「これでラクになったぞ！　神《かみ》さまありがとう！」


『わらしべ長者《ちょうじゃ》』そっくり!?

ふしぎのふしぎ

どうしたら、大人《おとな》になれるの？

むかしの日本《にほん》では、14才《さい》から18才《さい》くらいで一人前《いちにんまえ》になるぎしきをして、大人《おとな》になりました。このぎしきが、今《いま》の成人式《せいじんしき》のもとになっています。法《ほう》りつで大人《おとな》としてみとめられる国《くに》も多《おお》いですが、世界《せかい》では大人《おとな》になるためのぎしきもまだ多《おお》くあります。

高《たか》いところから飛《と》びおりる！

バヌアツ共和国《きょうわこく》

大人《おとな》の男《おとこ》になるには、ツル草《くさ》のロープで両足《りょうあし》をしばったあと、高《たか》さ30メートルのやぐらの上《うえ》から飛《と》びおります。ここから「バンジージャンプ」が生《う》まれました。

→むかしの日本《にほん》では、大人《おとな》になったらかみがたや服《ふく》をかえたよ！

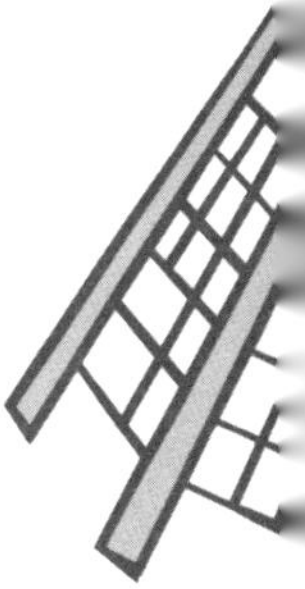

メキシコ

パーティーでおいわいしてもらう!

女《おんな》の子《こ》は、15才《さい》になると「キンセニェラ」とよばれ、大人《おとな》の女性《じょせい》「レディー」としてあつかわれます。ドレスを着《き》て教会《きょうかい》でおいのりをしたあとは、ダンスパーティー!

ブラジルのサテレ・マウェ族《ぞく》

アリにかまれてもがまんする!

きょうぼうなアリがたくさん入《はい》ったふくろに手《て》を入《い》れます。

今《いま》の法《ほう》りつでは18才《さい》から大人《おとな》だけど…

イギリス

かぎのカードもらう!

50年《ねん》ほど前《まえ》までは「りっぱな戦士《せんし》として馬《うま》に乗《の》れる年《とし》」として、21才《さい》からが大人《おとな》でした。今《いま》でも21才《さい》になると「もう何時《なんじ》に帰《かえ》ってきてもいいよ」という意味《いみ》で、かぎの絵《え》のカードが親《おや》からおくられます。

エチオピアのハマル族《ぞく》

牛《うし》のせなかを走《はし》る!

男《おとこ》の子《こ》は大《おお》きくなると、10頭《とう》ならべた牛《うし》のせなかをジャンプして3回《かい》わたります。さいごに飛《と》びうつった牛《うし》の名前《なまえ》を、大人《おとな》になった自分《じぶん》の名前《なまえ》にします。

まほうの国《くに》って、あるの?

人《ひと》をあやつる、人《ひと》をみちびく

科学《かがく》がまだ広《ひろ》まっていない100年《ねん》ほど前《まえ》までは、うらない、まじない、のろい、きせき、といったふしぎなものを、多《おお》くの人《ひと》が信《しん》じていました。

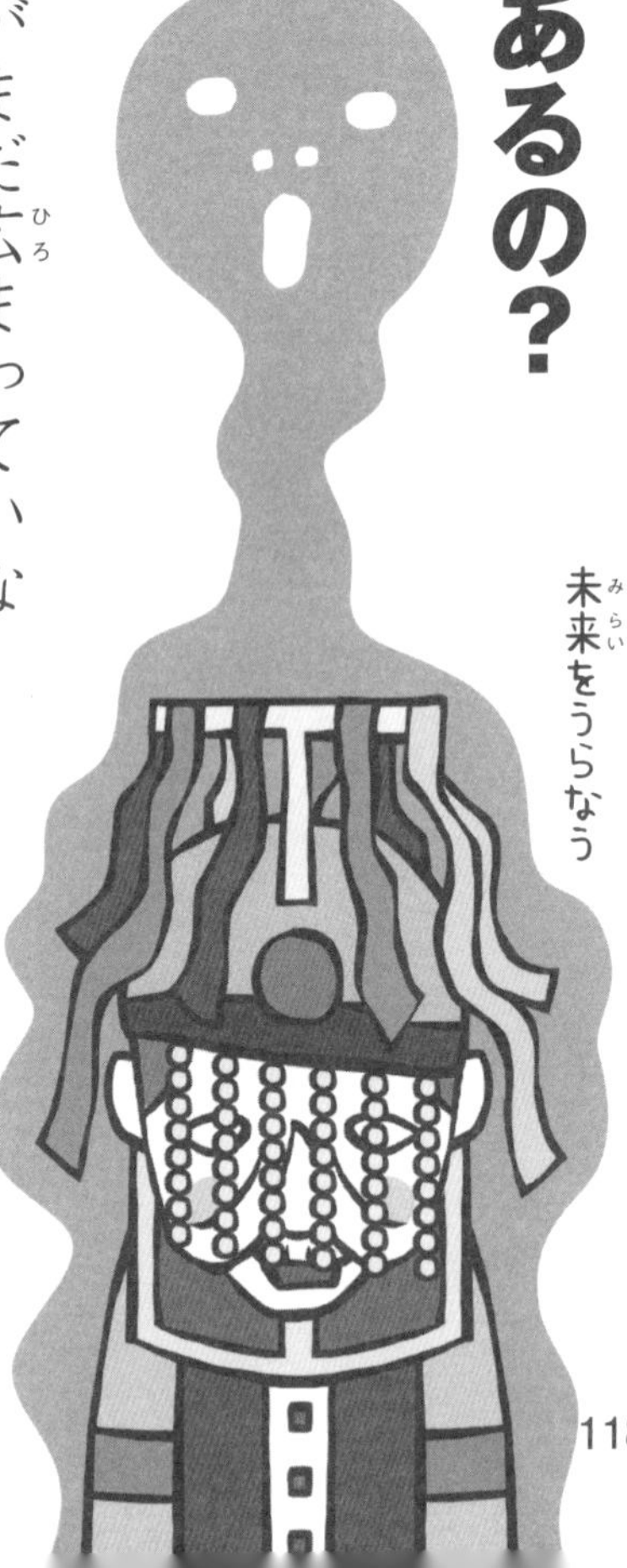

過去《かこ》をみつめ、未来《みらい》をうらなう

リーダーにアドバイスをする

のろいで
人《ひと》をさばく

星《ほし》の動《うご》きや
天気《てんき》を伝《つた》える

これらはすべて、人間《にんげん》が知《し》りえない力《ちから》「まほう」によってできたもの。つまり世界中《せかいじゅう》が、まほうの国《くに》だったのです。

物《もの》を変化《へんか》させる
物《もの》をつくりだす

病気《びょうき》やケガをなおす
薬《くすり》をつくる

手品師《てじなし》
うらない師《し》
祭司《さいし》

「まほう」とは、物《もの》や人《ひと》を動《うご》かすふしぎな力《ちから》のこと。さまざまな場所《ばしょ》で使《つか》われ、仕事《しごと》としてなりたっていました。

でも科学《かがく》やぎじゅつが進《すす》んでくると、ふしぎなことが起《お》こるりゆうなどもわかってきて、あまりふしぎではなくなっていきました。

コンサルタント
政治家《せいじか》のブレーン
ヒソヒソ

このため「まほう」とよばれた仕事《しごと》をしていた人《ひと》たちは、今《いま》では別《べつ》の名前《なまえ》でよばれるようになっています。

今《いま》にものこる、まほうのしるし

では、まほうはなくなってしまったのかというと、そんなことはありません。じつは、おまじないやおまもりといった形《かたち》で、今《いま》でも世界中《せかいじゅう》にまほうのしるしがのこされています。それぞれに、人《ひと》びとのいのりや願《ねが》いがこめられているのです。

いたいのいたいのとんでいけ！

おまじない

ケガや病気《びょうき》を早《はや》くなおすおまじないは、世界中《せかいじゅう》にあります。アルゼンチンだと「なおれ、なおれ、カエルのおしり。もし今日《きょう》なおらないなら明日《あす》なおれ!」

Sana, sana colita de rana,
サナ、サナ　コリータ デ　ラーナ、
sino sana hoy, sanar ma ana.
シノ　サナ　ホイ、サナラ　マナラ

ナザール・ボンジュウ

おまもり

トルコでは青《あお》いガラスに目玉《めだま》をかき、「邪《じゃ》眼《がん》」という悪《わる》いものの気配《けはい》をはらいます。

ファティマの手《て》

おまじない

右手《みぎて》のまんなかに目《め》があるマーク。イスラーム教《きょう》の国《くに》でまよけとして、使《つか》われます。

ネコのくしゃみ

言《い》い伝《つた》え

ギリシャでは花《はな》よめの近《ちか》くでネコがくしゃみをすると幸《しあわ》せになれるといわれます。

ベルを鳴《な》らす

言《い》い伝《つた》え

イギリスでは、大《おお》きなベルの音《おと》がまものをはらうといわれます。

「ブレス ユー！」

「神《かみ》のご加護《かご》を」という意味《いみ》の英語《えいご》。くしゃみで人《ひと》のたましいがぬけないように、声《こえ》をかけます。「おだいじに」という意味《いみ》もあるようです。

ガムランボール

おまもり

ふるとガムランとよばれる、すずの音《ね》が鳴《な》ります。インドネシアのバリ島《とう》では、これを持《も》っていると願《ねが》いがかなうといわれます。

最後《さいご》のボトル

言《い》い伝《つた》え

フランスでは、けっこん式《しき》で最後《さいご》にボトルを空《あ》けた人《ひと》は、年内《ねんない》に自分《じぶん》もけっこんできるといわれます。

これでバッチリ!

自《じ》由《ゆう》研《けん》究《きゅう》のススメ②

ワールドワイド絵本《えほん》をつくろう!

ふしぎなお話《はなし》の多《おお》いむかし話《ばなし》ですが、その国《くに》ならではの自然《しぜん》やくらしが書《か》かれていることも多《おお》くあります。そこで、日本《にほん》のむかし話《ばなし》のぶたいを外国《がいこく》に変《か》えて、おもしろいお話《はなし》をつくってみましょう。

ようい するもの

・外国《がいこく》のことをしらべられる本《ほん》やインターネット
・紙《かみ》やノート
・えんぴつやペン

1 むかし話《ばなし》と、ぶたいになる国《くに》をえらぼう

日本《にほん》の物語《ものがたり》をえらんで、どの国《くに》のお話《はなし》に変《か》えるか考《かんが》えます。

イタリア?
ガーナ?
ニュージーランド?
インド?

2 むかし話《ばなし》に出《で》てくるものを、その国《くに》のものにおきかえよう

その国《くに》の自然《しぜん》、名物《めいぶつ》、動物《どうぶつ》、名所《めいしょ》などをしらべ、むかし話《ばなし》の場面《ばめん》にあてはめてみましょう。
たとえば「ももたろう」のぶたいをカナダにしたら、次《つぎ》のようになります。

山《やま》へしばかりに

その国《くに》の山《やま》と、仕事《しごと》

コロンビア山《さん》、林業《りんぎょう》

川《かわ》へせんたくに

その国《くに》の川《かわ》と、仕事《しごと》

アダムス・リバー川《がわ》、サーモン漁《りょう》

もも

その国《くに》のくだもの

ラズベリー

きびだんご

その国《くに》のおかし

メープルクッキー

犬《いぬ》、サル、キジ

その国《くに》の動物《どうぶつ》

ハクトウワシ、ムース（ヘラジカのなかま）、ビーバー

鬼《おに》

その国《くに》で強《つよ》いもの

グリズリー

鬼ケ島《おにがしま》

鬼役《おにやく》がいそうで宝物《たからもの》のありそうな所《ところ》

オークアイランド（海《かい》ぞくの宝《たから》があるとされる）

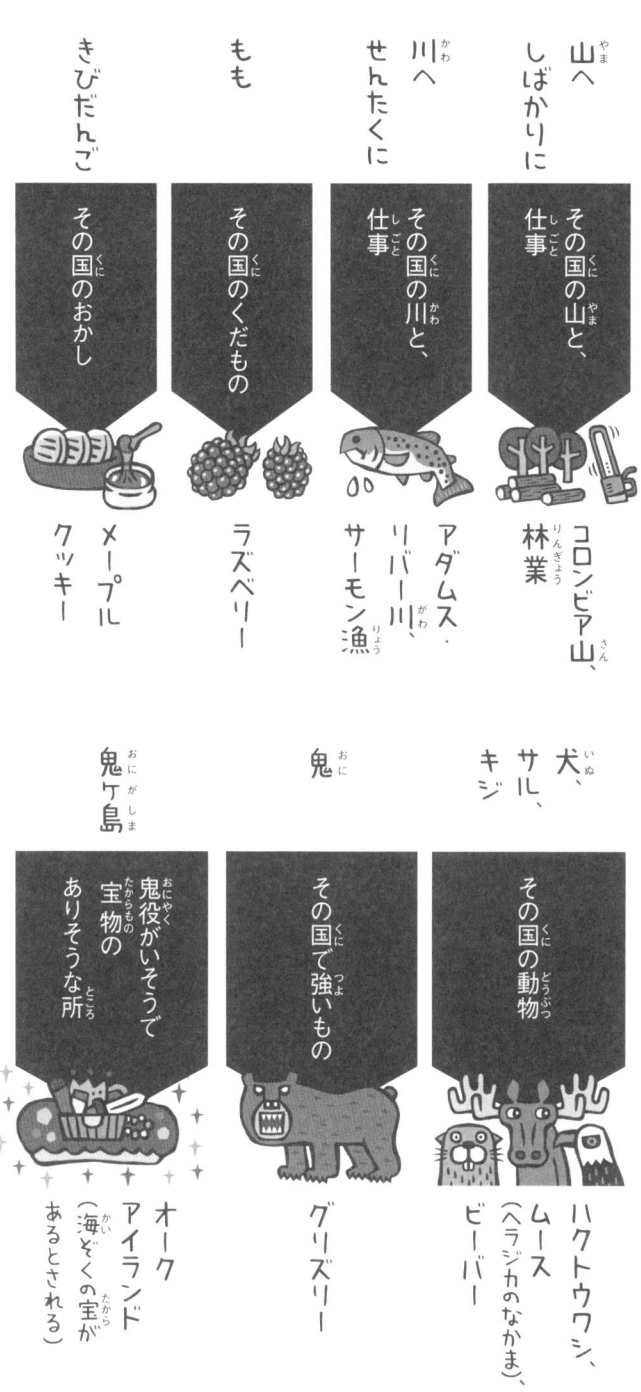

3 絵本《えほん》にしよう

1と2で考《かんが》えたものを組《く》み合《あ》わせて、新《あたら》しい物語《ものがたり》を生《う》みだしましょう。そして、どういう気持《きも》ちでつくったのか、どうやってつくったのかをまとめて、発表《はっぴょう》しましょう！

むかしむかし、あるところに
おじいさんとおばあさんがすんでいました。
おじいさんはコロンビア山《さん》へ木《き》を切《き》りに、
おばあさんはアダムス・リバー川《がわ》へサーモンをとりに行《い》きました。
そこへ、どんぶらこ〜と、大《おお》きなラズベリーが流《なが》れてきました。
おばあさんはそれを持《も》ち帰《かえ》り、家《いえ》でふたりで食《た》べようとしました。
すると、ラズベリーの中《なか》から元気《げんき》な男《おとこ》の子《こ》が！
おじいさんとおばあさんは男《おとこ》の子《こ》をラズ太郎《たろう》と名《な》づけて、
だいじに育《そだ》てました。

大《おお》きくなったラズ太郎《たろう》は、オークアイランドにすむ
悪《わる》いグリズリーをたおしに行《い》くことになりました。

おばあさんがつくったメープルクッキーを
こしにぶらさげ、出発《しゅっぱつ》します。

とちゅう、ビーバー、ムース、ハクトウワシがあらわれます。
「ラズ太郎《たろう》さん、ラズ太郎《たろう》さん。
おこしにつけたメープルクッキー、ひとつわたしにくださいな」
ラズ太郎《たろう》はクッキーをあげ、
3匹《びき》はラズ太郎《たろう》の家来《けらい》となりました。

やがてラズ太郎《たろう》と3匹《びき》が、オークアイランドにとうちゃくすると
悪《わる》いグリズリーたちが宝《たから》をひとりじめにしています。
そこで、ビーバーは大《おお》きな歯《は》で、ムースはりっぱな角《つの》で、
ハクトウワシはするどいくちばしを使《つか》って空《そら》から、
悪《わる》いグリズリーをこうげきしました。
こうしてラズ太郎《たろう》たちは大勝利《だいしょうり》！
オークアイランドの宝《たから》を持《も》ち帰《かえ》り、
みんなで幸《しあわ》せにくらしましたとさ。

国《くに》のふしぎ

国《くに》は、どうやって生《う》まれたの？

国《くに》とは、人《ひと》と土地《とち》と、それらをおさめる人《ひと》でなりたつものです。でも、今《いま》の国《くに》と、むかしの国《くに》では、ずいぶん様子《ようす》がちがいます。はじめて国《くに》ができたのは、今《いま》から5000年《ねん》ほど前《まえ》のこと。人《ひと》びとの集《あつ》まりや村《むら》が少《すこ》しずつ大《おお》きくなって、エジプトや中東《ちゅうとう》などで、王《おう》さまがおさめる国《くに》ができたのです。

その後《ご》、いろんな国《くに》が世界《せかい》に生《う》まれていきました。

20万年《まんねん》ほど前《まえ》

人間《にんげん》は、狩《か》りをしてくらしていました。

だから…
ドドドド
えものを
毎日《まいにち》追《お》うのって、
たいへ〜ん！

ここで食《た》べ物《もの》を育《そだ》てよう!
村《むら》ができた!

1万年《まんねん》ほど前《まえ》…

人間《にんげん》が同《おな》じ土地《とち》に長《なが》くすむようになり、村《むら》ができました。
村《むら》をまとめるリーダーも登場《とうじょう》します。

5000年《ねん》ほど前《まえ》

リーダーが強《つよ》くなると、自分《じぶん》の村《むら》やほかの村《むら》など、
多《おお》くの人《ひと》びとを支配《しはい》するようになりました。
こうしてリーダーを王《おう》とした国《くに》ができました。

やがて、それぞれの文化《ぶんか》をもった国《くに》が
世界中《せかいじゅう》に生《う》まれはじめます。
そして国《くに》と国《くに》とのさまざまなドラマがはじまります。

国《くに》のたんじょう!
みんなをまとめるために、物《もの》やルールをつくろう!
国
もっとゆたかになりた～い!

おれたちの
つくったもの、
ほしい?
くださ〜い!
国
国
国
CHINA
EURO
EURO

2500年《ねん》ほど前《まえ》

国《くに》と国《くに》は、おたがいにないものをもとめあい、交流《こうりゅう》や商売《しょうばい》がなされるようになります。ほかの国《くに》の文化《ぶんか》やぎじゅつもどんどん広《ひろ》まりました。

800年《ねん》ほど前《まえ》

なかには、自分《じぶん》の国《くに》をもっと大《おお》きくするために、となりの国《くに》の土地《とち》をうばって支配《しはい》する国《くに》もあらわれました。そうやってできた大《おお》きな国《くに》もあらわれます。

そこの土地《とち》、
おれらに
かんりさせてよ
帝国《ていこく》
モンゴル
ジジジ…
国
国
国
国
EURO
CHINA
ARAB

でも、国《くに》が大《おお》きくなりすぎると、はしっこの土地《とち》までなかなか支配《しはい》がとどかなくなります。そのため、小《ちい》さな国《くに》にわかれて土地《とち》をおさめる形《かたち》にたびたびもどりました。これをくりかえし、たくさんの国《くに》が生《う》まれてはほろびました。

500年《ねん》ほど前《まえ》

やがて、外国《がいこく》のめずらしい商品《しょうひん》をもとめてさまざまな国《くに》が大《おお》きな船《ふね》で旅《たび》に出《で》るようになります。

たどりついた土地《とち》にはすでに国《くに》があるところもありましたが、その土地《とち》や人《ひと》や食《た》べ物《もの》をうばい、支配《しはい》していきました。

こうして世界《せかい》は今《いま》の国《くに》に近《ちか》づいていったのです。

国《くに》って今《いま》はいくつあるの？

世界《せかい》には190以上《いじょう》もの国《くに》があります。でも今《いま》から70年《ねん》ほど前《まえ》までは、国《くに》は30から60ほどしかなかったといわれています。急《きゅう》に国《くに》の数《かず》がふえたのには、こんなれきしがあります。

300年《ねん》ほど前《まえ》

ヨーロッパが植民地《しょくみんち》をたくさんつくった

ヨーロッパの国《くに》は、これまで行《い》ったことのない場所《ばしょ》や国《くに》へ船《ふね》で向《む》かい、支配《しはい》していきました。こうした土地《とち》は「植民地《しょくみんち》」とよばれます。

やあ。
ここは今日《きょう》から
ぼくたちの国《くに》だから
きみたち
言《い》うこと聞《き》いてね！
英
仏
EURO
EURO
え!?
いきなりなに!?

200年《ねん》ほど前《まえ》

植民地《しょくみんち》がもっとほしいヨーロッパの国《くに》どうしで土地《とち》のうばいあいが起《お》こる

ヨーロッパの植民地《しょくみんち》の人《ひと》びとがそれぞれ新《あたら》しい国《くに》をつくります。植民地《しょくみんち》がへってしまったヨーロッパの国《くに》は、今度《こんど》はアジアやアフリカで、おたがいの植民地《しょくみんち》をうばいあうようになりました。

100年《ねん》ほど前《まえ》から現在《げんざい》

うばいあいは、ついに世界《せかい》をまきこむ戦争《せんそう》になりました。この戦争《せんそう》でヨーロッパのちからが弱《よわ》まったため戦争《せんそう》がおわると多《おお》くの植民地《しょくみんち》が独立《どくりつ》しました。そのため国《くに》の数《かず》は、戦後《せんご》15年《ねん》で１００ほど、30年《ねん》で１４０ほど、50年《ねん》で１８０ほど…とふえていき、今《いま》の数《かず》になりました。世界《せかい》のあちこちでは、いまなお新《あたら》しい国《くに》が生《う》まれようとしています。

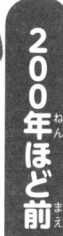

なんで、ヨーロッパは急《きゅう》に強《つよ》くなったの？

ヨーロッパの国《くに》は、ほかのたくさんの土地《とち》を支配《しはい》できるほど、強《つよ》くなりました。これには、科学《かがく》の力《ちから》が大《おお》きくかかわってきます。

ヨーロッパはむかし、中国《ちゅうごく》などほかの国《くに》から、たくさんのぎじゅつを教《おし》えてもらっていました。役立《やくだ》つじょうほうは本《ほん》になり、多《おお》くの人《ひと》に広《ひろ》まりました。

世界《せかい》を変《か》えた!
中国発《ちゅうごくはつ》の三大発明《さんだいはつめい》
火薬《かやく》
武器《ぶき》がつくれる!
羅針盤《らしんばん》
方角《ほうがく》がわかる!
活版印刷《かっぱんいんさつ》
本《ほん》がつくれる!
わたしが考《かんが》えました
畢昇《ひっしょう》さん
1041年ごろ
ヨハネス＝グーテンベルク
1398年ごろ
すごい!
これをヨーロッパでも
広《ひろ》めよう!

ルネサンスの革命

その後《ご》ヨーロッパでは、船《ふね》や武器《ぶき》がたくさんつくられました。だから海《うみ》をこえ、ほかの土地《とち》の人《ひと》びとを、支配《しはい》することができたのです。

今《いま》から200年《ねん》ほど前《まえ》になると、さらに科学《かがく》が発達《はったつ》し、多《おお》くの物《もの》や乗《の》り物《もの》、そして武器《ぶき》をどんどん機械《きかい》でつくれるようになります。このおかげで軍隊《ぐんたい》も強《つよ》くなりました。

多《おお》くの物《もの》をつくるにはたくさんの人《ひと》や工場《こうじょう》や農場《のうじょう》が必要《ひつよう》となります。そこで、植民地《しょくみんち》に大《おお》きな工場《こうじょう》や農場《のうじょう》をつくり、アフリカなどからも人《ひと》をつれてきて、はたらかせるようになったのです。

自《じ》分《ぶん》で国《くに》ってつくれないの?

つくれます。じつは世界中《せかいじゅう》のだれでも、国《くに》はつくれるのです。ではいったい、どうやってつくるのか。その方法《ほうほう》をごしょうかいしましょう。

3 みとめてもらう

ほかの国《くに》に「ここはちゃんとした国《くに》だ」とみとめてもらいましょう。ただし、勝手《かって》に土地《とち》をうばって「ここは自分《じぶん》の国《くに》だ!」と言《い》っても、国《くに》にはならないので注意《ちゅうい》!

DATA

場所《ばしょ》:オーストラリアの
　　モスマン市《し》のなか
人口《じんこう》:5人《にん》。ポールさんとその妻《つま》、
　　むすこ1人《ひとり》、むすめ2人《ふたり》
広《ひろ》さ:自分《じぶん》の家《いえ》と庭《にわ》

3ステップでかんたん! 国《くに》のつくりかた

1人でもOK!

よういするもの…国民《こくみん》
（その国《くに》でくらす人《ひと》びとを国民《こくみん》とよびます。）

1 土地《とち》を見《み》つける

国民《こくみん》がくらすための場所《ばしょ》をさがしましょう。
どこの国《くに》のものと決《き》まっていない土地《とち》をえらびます。

2 国《くに》のしくみをつくる

国《くに》をおさめる人《ひと》やルールを決《き》めましょう。
ただし、自分《じぶん》ばかりに都合《つごう》のいいルールを決《き》めると、国民《こくみん》が集《あつ》まらないので注意《ちゅうい》!

つくりましたレポート

ワイ公国《こうこく》をつくったポールさん

もともとオーストラリアの国民《こくみん》でしたが、2004年《ねん》に「ワイ公国《こうこく》」という国《くに》をつくりました。「自分《じぶん》の家《いえ》の前《まえ》に道路《どうろ》がほしい」って国《くに》にたのんだのに、つくってくれなくて頭《あたま》にきたんです。だから「自分《じぶん》で国《くに》つくるからもういいですわ!」って役所《やくしょ》に言《い》ったら、「どうぞどうぞ」とみとめられましたよ。

国《くに》みたいだけど、国《くに》じゃない場所《ばしょ》

国《くに》のようなしくみをもっていても、
国《くに》ではない場所《ばしょ》はたくさんあります。
そして、日本《にほん》は国《くに》としてみとめていても、
ほかの国《くに》は国《くに》として
みとめていないところもあり、
そのぎゃくもあります。
国《くに》のとらえ方《かた》は、
じつはあいまいなものなのです。

勝手《かって》につくった国《くに》

シーランド公国《こうこく》

ロイ・ベーツさんが、イギリス軍《ぐん》が使《つか》っていた建物《たてもの》を勝手《かって》にのっとって、つくりました。建《たて》物《もの》がたっている海《うみ》はどこの国《くに》のものでもないため、そのままになっています。

外《そと》からまねいた大臣《だいじん》に国《くに》をのっとられそうになったり、発電機《はつでんき》がこわれて国《くに》が全焼《ぜんしょう》しそうになったりしましたが、めでたく建国《けんこく》50周年《しゅうねん》をむかえました。

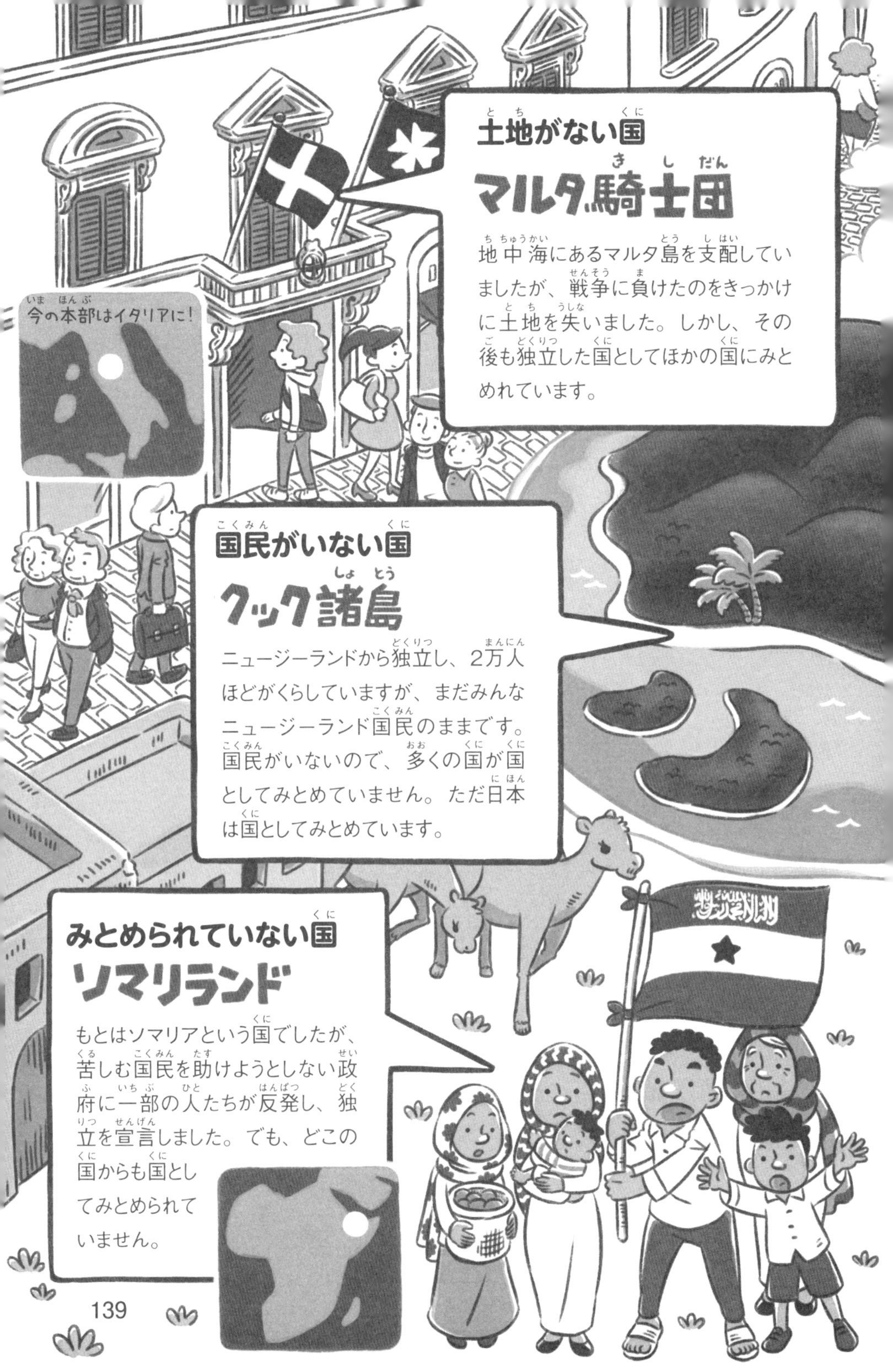

土地《とち》がない国《くに》

マルタ騎士団《きしだん》

地中海《ちちゅうかい》にあるマルタ島《とう》を支配《しはい》していましたが、戦争《せんそう》に負《ま》けたのをきっかけに土地《とち》を失《うしな》いました。しかし、その後《ご》も独立《どくりつ》した国《くに》としてほかの国《くに》にみとめれています。

国民《こくみん》がいない国《くに》

クック諸島《しょとう》

ニュージーランドから独立《どくりつ》し、2万人《まんにん》ほどがくらしていますが、まだみんなニュージーランド国民《こくみん》のままです。国民《こくみん》がいないので、多《おお》くの国《くに》が国《くに》としてみとめていません。ただ日本《にほん》は国《くに》としてみとめています。

みとめられていない国《くに》

ソマリランド

もとはソマリアという国《くに》でしたが、苦《くる》しむ国民《こくみん》を助《たす》けようとしない政《せい》府《ふ》に一部《いちぶ》の人《ひと》たちが反発《はんぱつ》し、独《どく》立《りつ》を宣言《せんげん》しました。でも、どこの国《くに》からも国《くに》としてみとめられていません。

国《くに》のふしぎ

国境《こっきょう》って、本当《ほんとう》に線《せん》が引《ひ》いてあるの？

国《くに》と国《くに》とのさかいめ、それが国境《こっきょう》です。

むかしから国《くに》は、川《かわ》や山《やま》などの自然《しぜん》で分《わ》けられたり、町《まち》と町《まち》のさかいめの何《なに》もない場所《ばしょ》で分《わ》けられたりしていました。

でも今《いま》は、そうともかぎりません。

かべの国境《こっきょう》

アメリカとメキシコ

メキシコから、仕事《しごと》やゆたかさをもとめてアメリカへやってくる人《ひと》はたくさんいます。勝手《かって》に国《くに》をこえるのをふせぐため、長《なが》さが900キロメートル以上《いじょう》もつづくかべがつくられました。

世界地図《せかいちず》では、陸地《りくち》の国境《こっきょう》は線《せん》でしめされていますが、じっさいにはいろいろな国境《こっきょう》があるのです。

ブラジル
ボリビア

森《もり》の国境《こっきょう》

ブラジルとボリビア

ブラジルは商売《しょうばい》のために森《もりき》を切りつくしていて、空《そら》から見《み》ると国境《こっきょう》がよくわかります。ボリビアには多《おお》くの資源《しげん》がのこっていますが、戦争《せんそう》がつづいて国《くに》がまずしいため、あまり開発《かいはつ》されていません。

オランダ
ベルギー
ベルギー
ベルギー

町中《まちなか》の国境《こっきょう》

オランダとベルギー

オランダのある町《まち》の中《なか》には、ところどころにベルギーの土地《とち》があり、家《いえ》や建物《たてもの》の中《なか》にも国境《こっきょう》があります。ヨーロッパ内《ない》で自《じ》由《ゆう》に国《くに》を行《い》き来《き》してもよい決《き》まりができてからは、国境《こっきょう》に引《ひ》かれた線《せん》を気《き》にせずにすむようになりました。

国境《こっきょう》には何《なに》もなく、かんばんだけという国《くに》もあります。それは、となりの国《くに》どうしがなかよしの場合《ばあい》。あらそいがある国《くに》どうしの国境《こっきょう》は、きびしく見《み》はられています。

国境《こっきょう》を見《み》れば、国《くに》と国《くに》との関《かん》係《けい》も見《み》えてくるのです。

直線《ちょくせん》の国境《こっきょう》

アフリカ

民族《みんぞく》どうしのつながりに関係《かんけい》なくヨーロッパの人《ひと》びとに勝手《かって》に国境《こっきょう》を分《わ》けられた国《くに》が多《おお》くあります。このため同《おな》じ国《くに》のなかでちがう民族《みんぞく》があらそうなど、問題《もんだい》が起《お》きています。

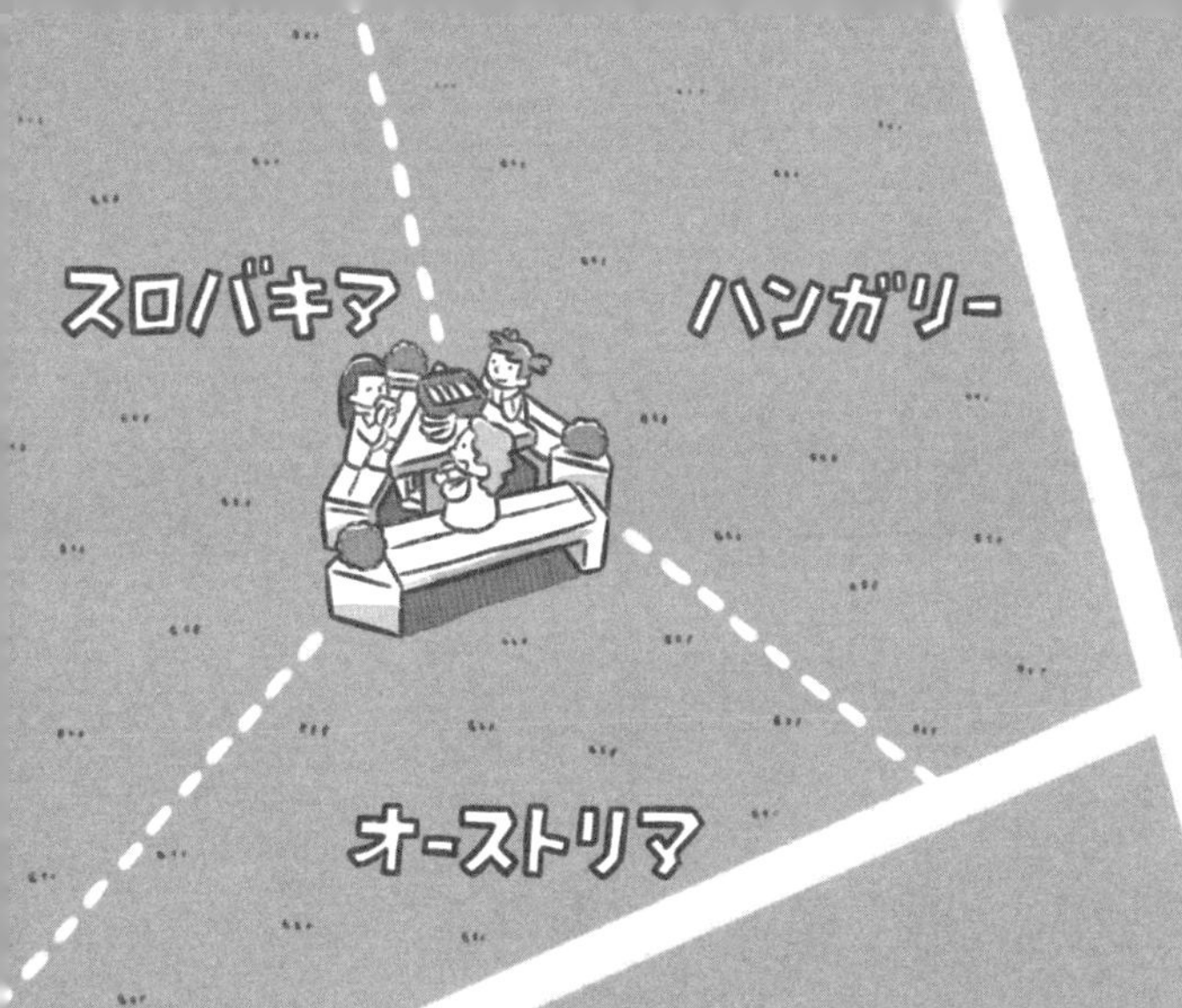

ピクニックテーブルの国境《こっきょう》

オーストリアとスロバキアとハンガリー

むかしはかべがあったり見《み》はりがいたりしましたが、今《いま》では「国《くに》に関係《かんけい》なく、なかよくしよう」との願《ねが》いをこめ、ピクニックテーブルが3つの国《くに》の国境《こっきょう》地《ち》点《てん》の畑《はたけ》に置《お》かれています。

世界地図《せかいちず》って、どうやってつくったの？

今《いま》の世界地図《せかいちず》は、宇宙《うちゅう》へ人工《じんこう》衛星《えいせい》を飛《と》ばし、とらえた写真《しゃしん》をもとにつくられています。

でもむかしは、まったくべつのやり方《かた》で地図《ちず》をつくっていました。

じつは旅《たび》の移動《いどう》のしかたといっしょに、世界地図《せかいちず》のつくられ方《かた》も変《か》わっていたのです。

バビロニアの世界地図《せかいちず》（紀元前《きげんぜん》6世紀《せいき》ごろ）

むかしの人《ひと》は、みんな歩《ある》いて旅《たび》をしていました。旅人《たびびと》に話《はなし》を聞《き》いたバビロニアの人《ひと》は、世界《せかい》の様子《ようす》を思《おも》いうかべて、世界地図《せかいちず》をつくりました。

ラクダの歩《あゆ》みから計算《けいさん》した!

その後《ご》、人《ひと》びとはラクダや馬《うま》に荷物《にもつ》をのせて旅《たび》をするようになります。ギリシア人《じん》の学者《がくしゃ》エラトステネスは、ラクダの隊商《たいしょう》が1日《にち》で歩《ある》くきょりと、太陽《たいよう》の光《ひかり》の角度《かくど》から、地球《ちきゅう》の大《おお》きさを計算《けいさん》し、世界地図《せかいちず》をつくりました。

エラトステネスの世界地図《せかいちず》
(紀元前《きげんぜん》3世紀《せいき》ごろ)

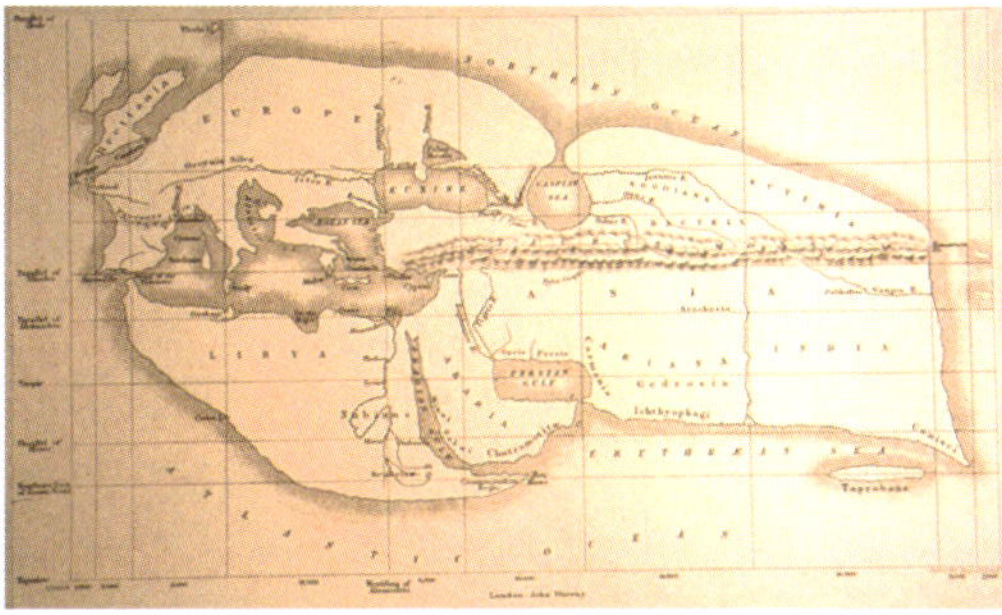

船《ふね》で旅《たび》してつくった!

大《おお》きな船《ふね》がつくられるようになったころ、アラブ人《じん》のイドリースィーは王《おう》さまの命令《めいれい》により船《ふね》で世界中《せかいじゅう》をしらべ、70の区画《くかく》の地図《ちず》をまとめて世界地図《せかいちず》をつくりました。

「タブラ・ロジェリアナ」
(1150年《ねん》ごろ)

大航海《だいこうかい》のためにつくった！

メルカトルの世界地図《せかいちず》
（1570年《ねん》ごろ）

多《おお》くのヨーロッパの商人《しょうにん》が、めずらしいスパイスを買《か》いつけ、高《たか》く売《う》るために、アジアへ長《なが》い船旅《ふなたび》をするようになりました。

そこでフランドル（今《いま》のベルギー）人《じん》のメルカトルは、世界《せかい》から集《あつ》めた地図《ちず》をまとめ、丸《まる》い地球《ちきゅう》をまるめた紙《かみ》に見《み》立《た》てて、方角《ほうがく》が正《ただ》しくわかる地図《ちず》をつくりました。

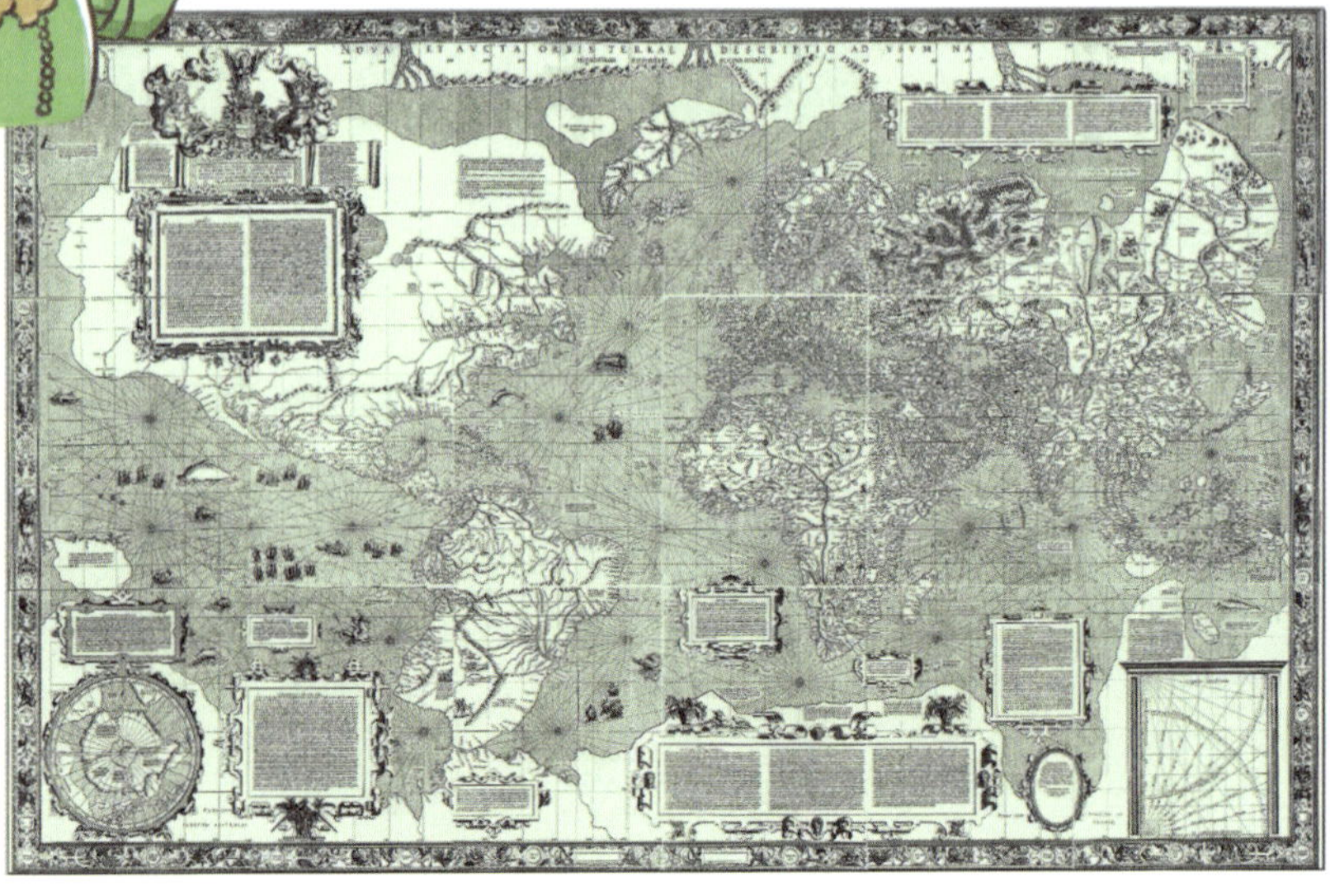

今《いま》の世界地図《せかいちず》でも、このかき方《かた》はよく使《つか》われています。

モルワイデ図法《ずほう》

でもメルカトルの地図《ちず》では、
北極《ほっきょく》や南極《なんきょく》に近《ちか》づくほど
土地《とち》が引《ひ》きのばされて
見《み》えてしまう!

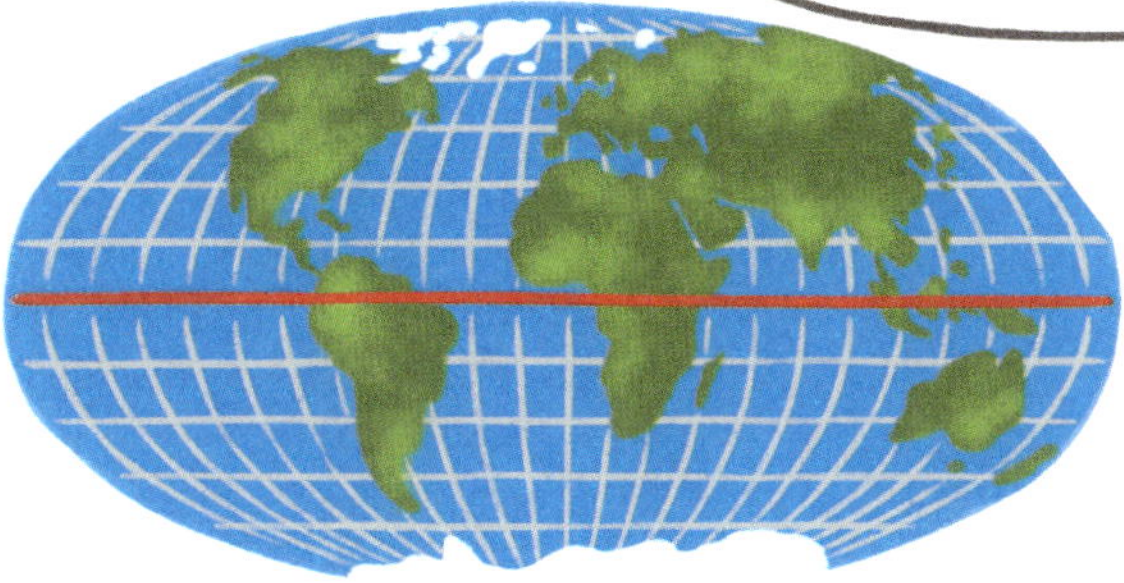

1805年《ねん》、ドイツ人《じん》のモルワイデは、北極《ほっきょく》や南極《なんきょく》の形《かたち》がなるべくゆがまない地図《ちず》をつくりました。

飛行機《ひこうき》が飛《と》ぶときに
必要《ひつよう》だから
方位《ほうい》ときょりが正《ただ》しい
地図《ちず》もできたよ!
ビョ〜ン
まわりが
引《ひ》きのばされる〜

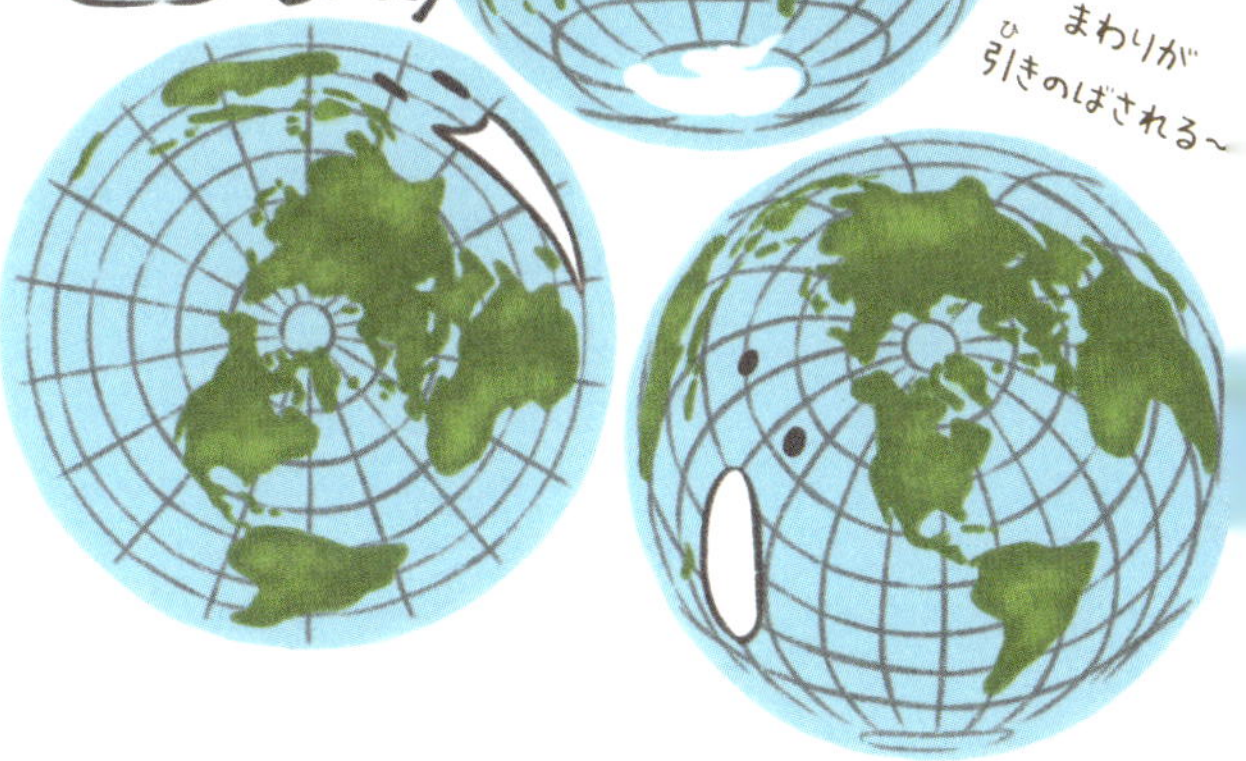
ビョ〜ン

やってみよう

地図《ちず》によって国《くに》の見《み》え方《かた》はちがいます。国《くに》や島《しま》の大《おお》きさを地球儀《ちきゅうぎ》とくらべてみましょう。

じつは小《ちい》さい!
グリーンランド
じつは大《おお》きい!
インドネシア

このように使《つか》い方《かた》にあわせて
世界地図《せかいちず》のかき方《かた》が考えられるようになりました。

どうして、にたような国旗《こっき》があるの？

国旗《こっき》とは、その国《くに》をあらわすマークです。そのデザインには、国《くに》が大切《たいせつ》にしている考《かんが》え方《かた》や宗教《しゅうきょう》などがふくまれています。国旗《こっき》を見《み》れば、その国《くに》のとくちょうもわかるほどに、考《かんが》えぬいてつくられたものばかりです。

もともと同《おな》じ国《くに》だった！

ノルウェー
デンマーク
アイスランド

デンマークの横十字《よこじゅうじ》の国旗《こっき》は十字軍《じゅうじぐん》というキリスト教《きょう》の軍隊《ぐんたい》の旗《はた》からつくられました。ほかの2つの国《くに》はデンマークに支配《しはい》されていたので、このデザインがのこされました。

フランスのえいきょうをうけた！

イタリア
ルーマニア
ベルギー

フランスは国民《こくみん》がはじめて自由《じゆう》をかかげてつくった国《くに》。国旗《こっき》は自由《じゆう》、平等《びょうどう》、友愛《ゆうあい》をあらわします。こうした三色《さんしょく》の旗《はた》はフランスにならい、20以上《いじょう》の国《くに》で使《つか》われています。

だから、にたようなデザインでも、それぞれ意味《いみ》があるのです。

イラク
イエメン
エジプト
シリア

同《おな》じ宗教《しゅうきょう》を信《しん》じている！

赤《あか》、白《しろ》、黒《くろ》に、緑《みどり》を加《くわ》えた4色《しょく》は、イスラーム教《きょう》にとって神聖《しんせい》な色《いろ》。国旗《こっき》の色《いろ》がにているのは、どの国《くに》もイスラーム教《きょう》の教《おし》えを大切《たいせつ》にしているためです。

外国《がいこく》を参考《さんこう》にした！

バングラデシュの国旗《こっき》は、日本《にほん》の国旗《こっき》のデザインを参考《さんこう》につくられたといわれます。ただし赤《あか》い丸《まる》は太陽《たいよう》ではなく、独立戦争《どくりつせんそう》で死《し》んだ国民《こくみん》の血《ち》の色《いろ》をあらわしています。

バングラデシュ
日本《にほん》

ぐうぜんにてしまった！

どちらかの国《くに》がマネしたわけでなく、たまたまにています。でも意味《いみ》はちがい、モナコの赤《あか》と白《しろ》は、国《くに》をおさめていた王家《おうけ》の色《いろ》。インドネシアは、赤《あか》が勇気《ゆうき》を、白《しろ》が潔白《けっぱく》をあらわしています。

インドネシア
モナコ

国旗《こっき》のびっくりストーリー

世界《せかい》にある国旗《こっき》のなかには、おもしろいデザインをしているものや、おどろくようなれきしをもつものもあります。

かみなりがとても多《おお》い国《くに》だから、「ドゥルック」というかみなりの龍《りゅう》をかいたよ。龍《りゅう》がもっている宝石《ほうせき》は「富《とみ》」を、龍《りゅう》の色《いろ》の白《しろ》さは「純粋《じゅんすい》さ」をあらわすんだ
ド!
ブータン
深《ふか》い赤《あか》は「戦争《せんそう》で流《なが》れた国民《こくみん》の血《ち》の色《いろ》」をあらわすよ。もとはもっと明《あか》るい赤《あか》だったけど、太陽《たいよう》の光《ひかり》で変色《へんしょく》したものをえらい人《ひと》が気《き》に入《い》って、この色《いろ》になったんだ。白色《しろいろ》は「平和《へいわ》」ね
ジリジリ…
カタール

青《あお》は「平和《へいわ》」を、
赤《あか》は「勇気《ゆうき》」や
「国《くに》を愛《あい》する心《こころ》」を
あらわします。
戦争《せんそう》になると国民《こくみん》の勇気《ゆうき》を
集《あつ》めるために、赤《あか》を上《うえ》に、
青《あお》を下《した》にして、
旗《はた》をあげるんですよ
フィリピン
表《おもて》とうらで
デザインがちがうのよ！
表《おもて》は「国章《こくしょう》」という
国《くに》のマーク、
うらは国《くに》のお金《かね》を守《まも》る
ライオンのマークなの！
パラグアイ
2013年《ねん》に
これに決《き》まるまでの
300年《ねん》ほどで何度《なんど》も
国《くに》のトップが変《か》わって、
24回《かい》もデザインが
変《か》わったんだ
アフガニスタン
前《まえ》の
リビア
急《きゅう》に国《くに》のトップが
かわって一夜《いちや》で国旗《こっき》を
つくらなきゃいけなくなったん
だけど、いい案《あん》がうかばなくて。
イスラーム教《きょう》の聖《せい》なる緑《みどり》だけにしちゃったんだ！
う〜ん

外国《がいこく》にも、春夏秋冬《しゅんかしゅうとう》はあるの？

「日本《にほん》は四季《しき》が美《うつく》しい国《くに》」などとよくいわれています。

でも、春夏秋冬《しゅんかしゅうとう》という四季《しき》があるのは、日本《にほん》だけではありません。

Printemp春
プランタン
~フランス~
フランスでは、このアーモンドの花《はな》がさくと春《はる》さ。春《はる》は「再生《さいせい》の季節《きせつ》」「さくらんぼの実《みの》る季節《きせつ》」「新緑《しんりょく》の季節《きせつ》」ともいうよ。表現力《ひょうげんりょく》ゆたかなフランス人《じん》ならではの別名《べつめい》だね。
Yaz 夏
ヤズ
~トルコ~
トルコの夏《なつ》は内陸側《ないりくがわ》はカラッとしていて、
海岸側《かいがんがわ》はむし暑《あつ》いんだ。
こんなに美《うつく》しい青《あお》い海《うみ》、
きっとトルコだけだよね？
JAPAN

ポーランドの秋《あき》は「黄金《おうごん》の秋《あき》」と
よばれていて、落《お》ち葉《ば》が黄金色《こがねいろ》に
かがやくのよ!
すごいでしょう!
ズウォタ・イェシェニ
złota jesień
黄金の秋
〜ポーランド〜

アフリカにある、
南《みなみ》アフリカ共和国《きょうわこく》の7月《がつ》。
雪《ゆき》が山《やま》をおおって美《うつく》しい銀世界《ぎんせかい》を
つくるんだ。
IWASEBUSIKA 冬
イワセブジカ
〜南アフリカ〜

これらの国《くに》では日本《にほん》と同《おな》じようにはっきりとした4つの季節《きせつ》があり、それぞれの季節《きせつ》を味《あじ》わっています。

え!?
7月《がつ》なのに、
雪《ゆき》!?

夏《なつ》に雪《ゆき》がふる国《くに》があるの？

ありません。夏《なつ》とは「1年《ねん》でいちばん暑《あつ》い季節《きせつ》」のことなので、山《やま》などのすごく高《たか》い場所《ばしょ》や、南極《なんきょく》や北極《ほっきょく》の近《ちか》くなどのとくべつな場所《ばしょ》をのぞいて、ふつう雪《ゆき》はふりません。

でも、7月《がつ》や8月《がつ》に雪《ゆき》がふる国《くに》はたくさんあります。地図《ちず》の真《ま》ん中《なか》を示《しめ》す「赤道《せきどう》」から南側《みなみがわ》にある南半球《みなみはんきゅう》にある国《くに》（たとえば、前《まえ》のページで出《で》てきた南《みなみ》アフリカ共和国《きょうわこく》など）では、日本《にほん》がある北側《きたがわ》の北半球《きたはんきゅう》と季節《きせつ》がぎゃくになるのです。

▲オーストラリア メルボルン市《し》 7月《がつ》の気温《きおん》は7度《ど》から14度《ど》

7月《がつ》に雪《ゆき》がふりそうな国《くに》はどこ？

北《き》半《はん》球《きゅう》　夏《なつ》

日本《にほん》と同《おな》じ夏《なつ》！

地球《ちきゅう》は少《すこ》しかたむいているので、7月《がつ》は北半球《きたはんきゅう》が太陽《たいよう》と近《ちか》くなり、暑《あつ》くなって夏《なつ》となります。

赤道《せきどう》から遠《とお》いこのあたりの国《くに》は、10月《がつ》から次《つぎ》の年《とし》の4月《がつ》まで気温《きおん》はずっと氷点下《ひょうてんか》。7月《がつ》は夏《なつ》で12度《ど》から25度《ど》です。

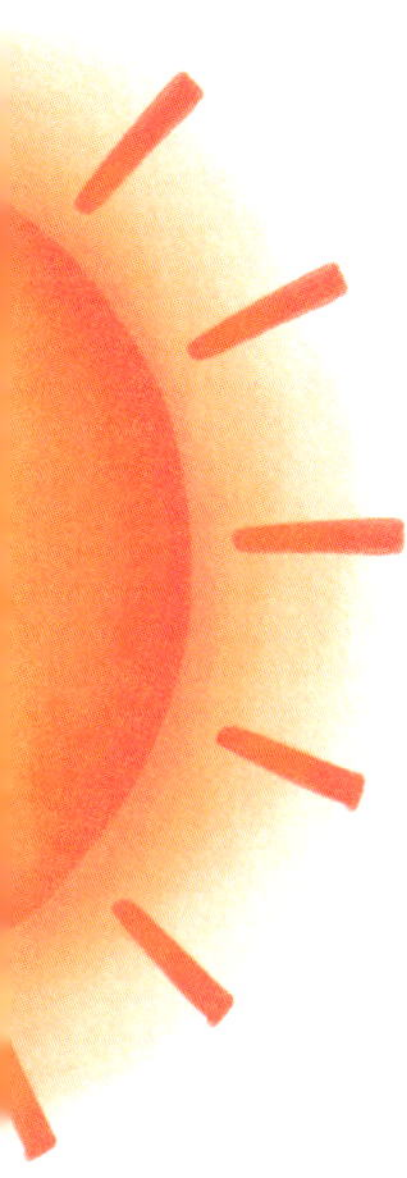

赤道《せきどう》の近《ちか》くは1年《ねん》中《じゅう》夏《なつ》のようにあたたかくなります。春夏《しゅんか》秋冬《しゅうとう》でなく、雨《あめ》の多《おお》い時期《じき》と少《すく》ない時期《じき》で季節《きせつ》を分《わ》ける国《くに》が多《おお》いです。

★ベトナム・ホーチミン市《し》
1年《ねん》を通《とお》して25度《ど》から30度《ど》

このあたりは夏《なつ》と冬《ふゆ》が同《おな》じくらいの長《なが》さです。
★
赤道《せきどう》
雪《ゆき》が
ふりそうな国《くに》は
このあたりだ！

冬《ふゆ》　南《みなみ》半《はん》球《きゅう》

日本《にほん》とぎゃくの冬《ふゆ》！

このあたりの国《くに》では、7月《がつ》は真冬《まふゆ》ですから雪《ゆき》はふりそうです。

外国人《がいこくじん》になりたいんだけど、どうすればいい？

かんたんです。外国《がいこく》へ旅行《りょこう》に行《い》けばいいんです。外国《がいこく》に行《い》けば、その国《くに》の人《ひと》から見《み》たとき「外国人《がいこくじん》」になれます。

でも、本当《ほんとう》にその国《くに》の人《ひと》になりたいんだったら、その国《くに》の国民《こくみん》になる資格《しかく》「国籍《こくせき》」をもらう必要《ひつよう》があります。

国籍《こくせき》は何度《なんど》も変《か》えられます。ただし日本《にほん》では、ほかの国《くに》の国籍《こくせき》をもらったら、日本《にほん》の国籍《こくせき》は手《て》ばなさなければなりません。国籍《こくせき》を変《か》えなくても、外国《がいこく》にずっとすむことはできるので、本当《ほんとう》に今《いま》の国籍《こくせき》を失《うしな》ってもよいのか、よく考《かんが》えましょう。

その国《くに》にずっとすめる資格《しかく》「永《えい》住権《じゅうけん》」をとってから5年以上《ねんいじょう》すみ、英語《えいご》のテスト、アメリカの政治《せいじ》やれきしについてのテストにごうかくすれば、国籍《こくせき》をもらえます。

永住権《えいじゅうけん》をとってから8年以上《ねんいじょう》すみ、ドイツで仕事《しごと》をしていること。さらに、ドイツ語《ご》のテスト、ドイツの政治《せいじ》やれきしについてのテストにごうかくすれば、国籍《こくせき》をもらえます。

7年以上《ねんいじょう》すみ、カンボジア語《ご》やカンボジアのれきしのテストにごうかくすること。もしくは、カンボジアに約《やく》2500万円《まんえん》をはらえば、すぐに国籍《こくせき》がもらえます。

日本《にほん》と移住協定《いじゅうきょうてい》を結《むす》んでいるため、パスポートのコピーや健《けん》康診断書《こうしんだんしょ》などの書類《しょるい》を出《だ》し、約《やく》50万円《まんえん》はらうだけで、かんたんに国籍《こくせき》がもらえます。

国籍《こくせき》のもらい方《かた》はいろいろ

国籍《こくせき》のルールは国《くに》によってちがいます。アメリカ、カナダ、ブラジルなどではその国《くに》で生《う》まれたら国籍《こくせき》をもらえますが、日本《にほん》、中国《ちゅうごく》、イタリアなどでは、親《おや》がその国《くに》の人《ひと》であれば国籍《こくせき》がもらえます。ただ世界《せかい》にはさまざまなりゆうで国籍《こくせき》をもらえない人《ひと》もたくさんいます。

大人《おとな》になったら、海外《かいがい》ではたらきたい！

まず「行《い》く」という気持《きも》ち。そして「勇気《ゆうき》」。これがあれば、じつは言葉《ことば》をうまく話《はな》せなくても、けっこうなんとかなるものです。

ただもうひとつ。海外《かいがい》ではたらくためには「就労《しゅうろう》ビザ」という資格《しかく》がいります。はたらきたい国《くに》のテストを受《う》けて、ごうか

ワーキングホリデーを利用《りよう》する

1年《ねん》から2年《ねん》ほど、観光《かんこう》を楽《たの》しみながらはたらける制度《せいど》です。18～30才《さい》の人《ひと》なら、20ほどの国《くに》や地《ち》いきの中《なか》から行《い》き先《さき》をえらび、農場《のうじょう》やレストラン、おみやげ屋《や》さんなどさまざまな場所《ばしょ》ではたらけます。

くすれば、この資格《しかく》をもらえて、はたらけます。

いっぽうで、就労《しゅうろう》ビザがなくても外国《がいこく》ではたらく方法《ほうほう》もあります。たとえば、下《した》の絵《え》のようなもの。みんなもあと何年《なんねん》かしたら、チャレンジできます！

青年海外協力隊《せいねんかいがいきょうりょくたい》に参加《さんか》する

20才《はたち》から39才《さい》までの日本《にほん》人《じん》が世界《せかい》約《やく》80か国《こく》に送《おく》られ、2年間《ねんかん》ボランティアではたらきます。生活費《せいかつひ》を国《くに》からもらいながら、勉《べん》強《きょう》や医学《いがく》、建物《たてもの》や農作《のうさく》物《もつ》をつくるぎじゅつなどをその国《くに》の人《ひと》に教《おし》えます。

外国《がいこく》の学校《がっこう》に入《はい》る

外国《がいこく》の高校《こうこう》や大学《だいがく》などに一時的《いちじてき》に通《かよ》うことを「留学《りゅうがく》」といいます。「学生《がくせい》ビザ」という資格《しかく》をもらい留学《りゅうがく》するあいだに、アルバイトなどではたらける国《くに》もあります。

世界《せかい》ではたらくには、りゆうがあった！

世界《せかい》でかつやくする仕事《しごと》は、本当《ほんとう》にたくさん！

「いきなり外国《がいこく》へ行《い》ってみる」という方法《ほうほう》もありますが、

「好《す》きなことをつきつめて、その仕事《しごと》のプロになってから外国《がいこく》ではたらく」という方法《ほうほう》もあります。

どんな仕事《しごと》があるのか、どんな気持《きも》ちではたらいているのか、ちょっと聞《き》いてみましょう。

もっと高《たか》いレベルの人《ひと》たちとすごして、自分《じぶん》をみがきたくて、この国《くに》にきました！
サッカー選手《せんしゅ》（23才）

この虫《むし》はここにしかいない！だから研究《けんきゅう》のために、この国《くに》にすんでいます
研究者《けんきゅうしゃ》（50才）

ぼくらの仕事《しごと》は、国《くに》が変《か》わってもやることは同《おな》じ。だから一度《いちど》、日本《にほん》をはなれてみたんです。毎日《まいにち》がしげきてきですよ
システムエンジニア（28才）
なぜ？この国《くに》に？

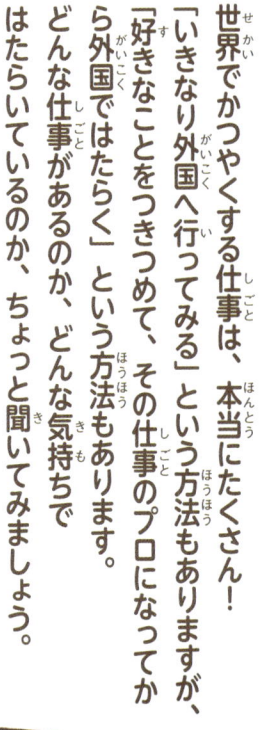

いろんな国《くに》に
行《い》ってみたいから、
この仕事《しごと》をえらびました。
けっこう体力勝負《たいりょくしょうぶ》
の仕事《しごと》ですよ
キャビンアテンダント（26才）
とにかくこの国《くに》にすみたかったの！
日本人《にほんじん》が多《おお》い町《まち》なら、
日本語《にほんご》の仕事《しごと》もあるのよ
日本人学校《にほんじんがっこう》の先生《せんせい》（32才）
さいしょは、
外国人《がいこくじん》にこの国《くに》の味《あじ》が
わかるもんか、なんて
いわれたけど、実力《じつりょく》で
なっとくさせたら、文句《もんく》も
いわれなくなったな
シェフ（52才）
この国《くに》の人《ひと》と
けっこんして、
やってきました。
日本人《にほんじん》の旅行者《りょこうしゃ》のための
ガイドをしています
個人《こじん》ツアーガイド（37才）
まずしい国《くに》で
こまっている、
多《おお》くの人《ひと》たちを
すくいたくて、
日本《にほん》をとびだしました
医者《いしゃ》（35才）
日本《にほん》の会社《かいしゃ》で
がんばっていたら、
外国《がいこく》の工場《こうじょう》を
管理《かんり》する人《ひと》に
えらばれました！
日本《にほん》の会社《かいしゃ》の海外駐在員《かいがいちゅうざいいん》（42才）

これでバッチリ!

自由《じゆう》研究《けんきゅう》のススメ③

世界《せかい》の夏《なつ》を楽《たの》しもう!

夏《なつ》。それはわけもなく心《こころ》がおどる季節《きせつ》。ということで、世界《せかい》の夏《なつ》を楽《たの》しむための作戦《さくせん》を立《た》ててみましょう。

ようするもの

・世界地図《せかいちず》、地球儀《ちきゅうぎ》
・紙《かみ》やノート、えんぴつ
・世界《せかい》の季節《きせつ》をしらべられる本《ほん》やインターネット
・ひとかどの財産《ざいさん》

1 世界《せかい》の夏《なつ》をしらべよう

同《おな》じ日《ひ》でも、どこの国《くに》かによって、夏《なつ》だったり冬《ふゆ》だったりと季節《きせつ》はまるでちがいます。国《くに》や場所《ばしょ》ごとの夏《なつ》の期間《きかん》や、ちがいをしらべましょう。

2 企画《きかく》を立《た》てよう

夏《なつ》を楽《たの》しむためのプランを考《かんが》えてみましょう。

平《へい》和《わ》のふしぎ

平和《へいわ》のふしぎ

世界《せかい》には、どんなルールがあるの？

それぞれの国《くに》どうしで決《き》められたやくそくごとがあります。これを「条約《じょうやく》」といいます。

このほかにも、世界《せかい》の国《くに》みんなで守《まも》らなければならない、共通《きょうつう》のルールもそんざいしています。守《まも》らないと、けっこうたいへんなことになってしまうようです……。

自分《じぶん》の国《くに》のめずらしい生物《せいぶつ》は、国《くに》で守《まも》ること

『生物《せいぶつ》の多様性《たようせい》に関《かん》する条約《じょうやく》（CBD）』
（194か国《こく》）

よその国《くに》の海《うみ》に入《はい》ったらその国《くに》の決《き》まりにしたがうこと

『海洋法《かいようほう》に関《かん》する国際連合条約《こくさいれんごうじょうやく》』
（165か国《こく》）

人間《にんげん》を売《う》ったり買《か》ったりしない

『国際的《こくさいてき》な組織犯罪《そしきはんざい》の防止《ぼうし》に関《かん》する国《こく》際連合条約《さいれんごうじょうやく》を補足《ほそく》する人《ひと》（特《とく》に女性《じょせい》及《およ》び児童《じどう》）の取引《とりひき》を防止《ぼうし》し、抑止《よくし》し及《およ》び処罰《しょばつ》するための議定書《ぎていしょ》』
（188の国《くに》と地域《ちいき》）

あの日《ひ》つんだ花《はな》の名前《なまえ》を、
ぼくたちは知《し》らない。
でも、その持《も》ち帰《かえ》った
外国《がいこく》の花《はな》は、力強《ちからづよ》く育《そだ》ち、
ぼくらの国《くに》で
大人気《だいにんき》になり、
どんどんふえた。
どんどん売《う》れた。
国《くに》も外国《がいこく》の花《はな》の畑《はたけ》を
たくさんつくった。
その花《はな》は、もともと
ぼくらの国《くに》にあった
めずらしい花《はな》のさく
場所《ばしょ》をうばった。
何《なに》もしないでいると、
ぼくらの国《くに》の花《はな》は
ぜつめつしてしまった…。

あの日《ひ》ぼくたちは、
ボートで海《うみ》のむこうをめざした。
冒険心《ぼうけんしん》と希望《きぼう》にみちあふれて。
毎日《まいにち》たくさんの魚《さかな》をとり、
船旅《ふなたび》を楽《たの》しんでいた。
そこへ、外国《がいこく》の船《ふね》が
やってきて
何《なに》かさけんできた。
ぼくたちはこわくなって、
にげた。
でも、とうとうつかまって、
たいほされた。
いつのまにか
外国《がいこく》の海《うみ》にきて、
その国《くに》の漁師《りょうし》さんの
仕事《しごと》をじゃましていた
ようだ…。

あの日《ひ》、どれいの女《おんな》の子《こ》が悪《わる》い男《おとこ》に
ぶたれているのを助《たす》けた。
男《おとこ》にお金《かね》をとられたけど、
女《おんな》の子《こ》を救《すく》うためだ。
ぼくは女《おんな》の子《こ》を
自分《じぶん》の国《くに》に
つれて帰《かえ》った。
しばらくすると、
女《おんな》の子《こ》はぼくの家《いえ》で
そうじやせんたくを
してくれるようになった。
そんなにはたらかなくても
いいよ、と言《い》ったら、
女《おんな》の子《こ》はこう答《こた》えた…。
「わたしは人《ひと》なの？
あなたの物《もの》なの？」

「国連《こくれん》」ってなに？

ルールを守《まも》るように世界中《せかいじゅう》によびかけ、世界《せかい》の平和《へいわ》を守《まも》る組織《そしき》があります。それが「国際連合《こくさいれんごう》」、りゃくして「国連《こくれん》」です。７つのグループに分《わ》かれています。

総会《そうかい》

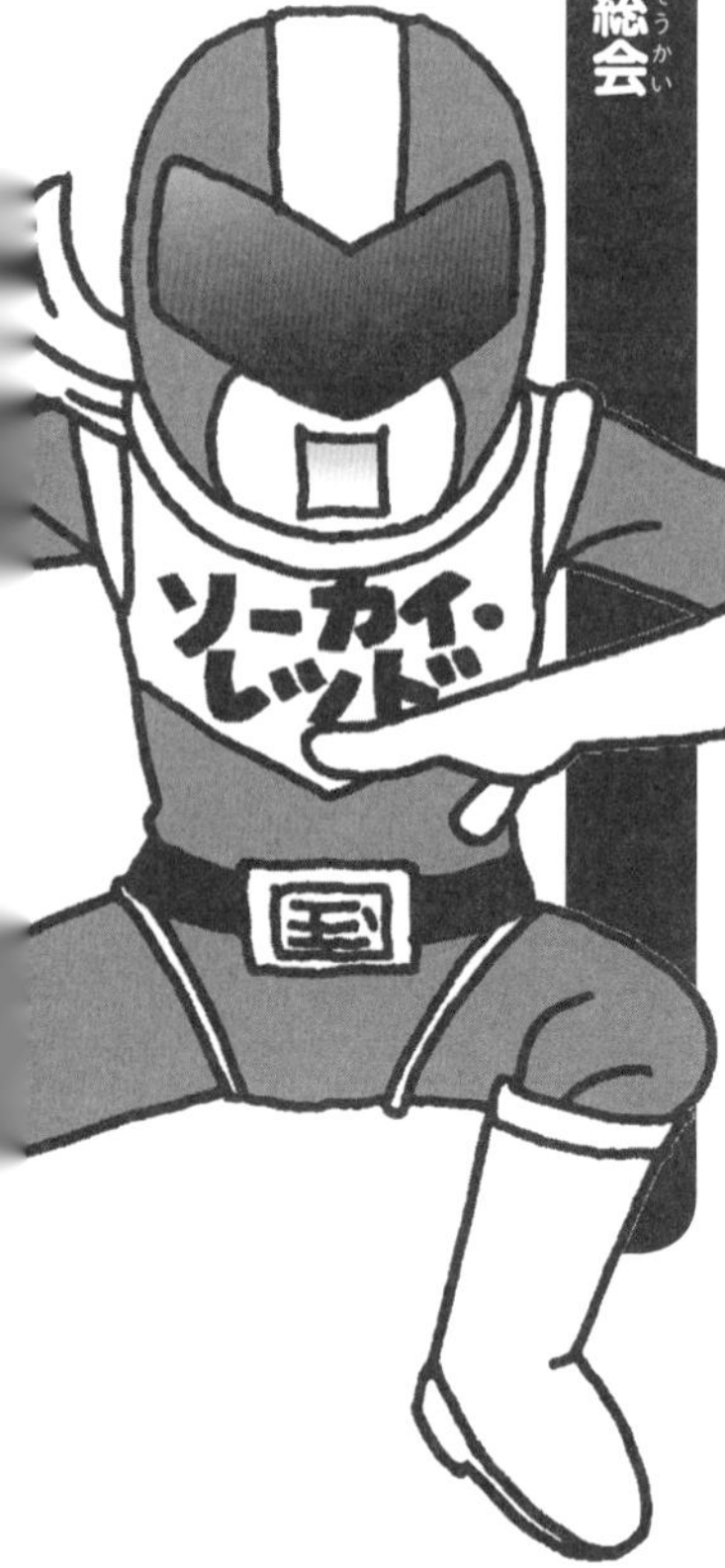
ソーカイ・レッド

シホウ・イエロー

国際司法裁判所《こくさいしほうさいばんしょ》

国《くに》どうしのあらそいを解決《かいけつ》する裁判所《さいばんしょ》。どちらの言《い》い分《ぶん》が正《ただ》しいかを判断《はんだん》して、あらそいをやめさせる方法《ほうほう》を決《き》めます。

トウチ・ホワイト

信託統治理事会《しんたくとうちりじかい》

戦争《せんそう》に負《ま》けた地《ち》いきのこんらんがおさまるまで、一時的《いちじてき》にまとめ役《やく》をします。戦争《せんそう》がなければ休《やす》みです。

世界《せかい》の平和《へいわ》や安全《あんぜん》を守《まも》るための話《はな》し合《あ》いをまとめます。また、国《くに》どうしであらそっているときに、おたがいの言《い》い分《ぶん》を聞《き》いて、なかよくなれる方法《ほうほう》を考《かんが》えます。

15の専門機関《せんもんきかん》

経済《けいざい》・文化《ぶんか》・教育《きょういく》など、さまざまな分野《ぶんや》の問題《もんだい》をしらべ、世界中《せかいじゅう》の国《くに》が助《たす》け合《あ》うようによびかけます。

安全保障理事会《あんぜんほしょうりじかい》

世界《せかい》の平和《へいわ》や安全《あんぜん》を守《まも》るためのリーダー的《てき》な存在《そんざい》。戦争《せんそう》をしている国《くに》に、あらそいをやめるように注意《ちゅうい》したり、平和《へいわ》を保《たも》つためのルールを決《き》めて、ほかの国《くに》に守《まも》らせたりします。

経済社会理事会《けいざいしゃかいりじかい》

お金《かね》がなくて病院《びょういん》をつくれなかったり、子《こ》どもが学校《がっこう》に通《かよ》えなかったりする国《くに》を助《たす》けるため、世界《せかい》に協力《きょうりょく》をよびかけます。

事務局《じむきょく》

それぞれの国《くに》にある事務所《じむしょ》。国連《こくれん》で話《はな》し合《あ》われたことをテレビや新聞《しんぶん》を使《つか》って伝《つた》え、各地《かくち》の問題《もんだい》をしらべて国連《こくれん》に伝《つた》えます。

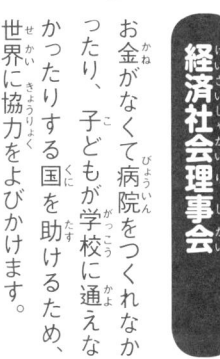

まだいるぞ！ 世界《せかい》の平和《へいわ》を守《まも》るヒーロー

前《まえ》のページでしょうかいした国連《こくれん》のほかにも、人《ひと》びとの平和《へいわ》や安全《あんぜん》を守《まも》るための組織《そしき》はたくさんあります。みんなもこうした組織《そしき》に入《はい》れば、世界《せかい》を守《まも》るヒーローになれます！

国境《こっきょう》なき医師団《いしだん》 人《ひと》の命《いのち》を守《まも》る！

世界中《せかいじゅう》の医師《いし》や看護師《かんごし》、薬剤師《やくざいし》などが集《あつ》まって、自然災害《しぜんさいがい》や戦争《せんそう》のひがいを受《う》けた人《ひと》や、お金《かね》がなくて病院《びょういん》にいけない人《ひと》の病気《びょうき》やけがをなおします。

自然《しぜん》を守《まも》る！

世界各地《せかいかくち》にある自然《しぜん》をしらべて、動物《どうぶつ》を守《まも》ったり、新《あら》たに植物《しょくぶつ》を植《う》えたりしています。

安全《あんぜん》を守《まも》る！

世界自然保護基金《せかいしぜんほごききん》

パンダが
目印《めじるし》っす
WWF

人《ひと》の権利《けんり》を守《まも》る!

アムネス
みんな同《おな》じ
人間《にんげん》なんだ

アムネスティ・インターナショナル

戦争《せんそう》により安心《あんしん》してくらせる場所《ばしょ》をうばわれた人《ひと》や、出身地《しゅっしんち》やはだの色《いろ》などをりゆうに差別《さべつ》されている人《ひと》などを助《たす》ける活動《かつどう》をしています。

化学兵器禁止機関《かがくへいききんしきかん》

薬品《やくひん》を使《つか》ってつくられた化学兵器《かがくへいき》をつくらない、広《ひろ》めないためにできたグループです。

子《こ》どもを守《まも》る!

給食《きゅうしょく》も
とどけるよ!
チルドレ

セーブ・ザ・チルドレン

子《こ》どもたちが食《た》べ物《もの》や水《みず》にこまることなく、必要《ひつよう》な教育《きょういく》を受《う》けられるように、生活《せいかつ》を助《たす》ける活動《かつどう》をしています。

外国《がいこく》のニュースって、日本《にほん》とは関係《かんけい》ないよね？

いいえ、あります。遠《とお》い国《くに》のできごとでも、わたしたちの生活《せいかつ》にとても深《ふか》く関係《かんけい》しているものがたくさんあるのです。

たとえば１９９３年《ねん》に「平成《へいせい》の米騒動《こめそうどう》」とよばれるたいへんなできごとがありました。

でもなぜそんなさわぎになったのか、多《おお》くの人《ひと》はよくわかっていません。だからそのりゆうを大人《おとな》に教《おし》えてあげれば、きっとびっくりすると思《おも》います。

じまんしてやろう！「平成《へいせい》の米騒動《こめそうどう》」が起《お》きた理由《りゆう》！

日本《にほん》で買《か》うものは、ぜんぶ日本《にほん》でつくられたの？

ちがいます。日本《にほん》の商品《しょうひん》でも、ほかの国《くに》から材料《ざいりょう》をもってきたり、ほかの国《くに》の工場《こうじょう》で部品《ぶひん》をつくっていることはよくあります。

わたしたちの生活用品《せいかつようひん》は、たくさんの国《くに》の人《ひと》びとの手《て》をわたって、この手《て》にとどいているのです。

カボチャ（ニュージーランド）
たまねぎ（中国《ちゅうごく》）
肉《にく》（アメリカ）
にんじん（台湾《たいわん》）
野菜たっぷりカレー
800円
ブロッコリー（メキシコ）

コットン（ブラジル）
ナフサ（韓国《かんこく》）
ウール（インドネシア）
日本《にほん》でポリエステルに!
牛革《ぎゅうがわ》（パキスタン）
木材《もくざい》（カナダ）
日本《にほん》の紙《かみ》メーカーへ
石油《せきゆ》（サウジアラビア）
本《ほん》をつくる工場《こうじょう》へ
ミシン糸《いと》（中国《ちゅうごく》）
日本《にほん》のせんいメーカーへ

王《おう》さまって、なにをしているの？

王《おう》さまはどんな生活《せいかつ》をしていると思《おも》いますか？家来《けらい》がなんでも言《い》うことを聞《き》いてくれていいなあと思《おも》う人《ひと》もいるかもしれません。でも、じっさいの王《おう》さまは、こんなことをしています。

わたしが教《おし》えます！

ルールや仕事《しごと》をみとめる

ポンポンポン
王

政治家《せいじか》に仕事《しごと》を命《めい》じたり、新《あたら》しくつくられた国《くに》のルールをみとめたりします。

国《くに》のことを決《き》める

こんな法律つくろう！

2種類《しゅるい》の王《おう》さまがいる！

世界《せかい》には30人《にん》ほどの王《おう》さまがいますが、政治《せいじ》を自分《じぶん》でおこなう王《おう》さまと、おこなわない王《おう》さまに分《わ》かれています。

じつはだれよりも、自分《じぶん》の国《くに》の平和《へいわ》を考《かんが》える。
それが、王《おう》さまの仕事《しごと》なのです。

王さまのおしごと

式典《しきてん》に参加《さんか》する

国《くに》のためにがんばった人《ひと》に賞《しょう》をあたえたりおいわいのイベントに出《で》てあいさつをしたりします。

国《くに》の代表《だいひょう》としてふるまう

外国《がいこく》のお客《きゃく》さまと会《あ》って友好《ゆうこう》を深《ふか》めて、国《くに》どうしの関係《かんけい》をよくします。

国民《こくみん》をはげます

災害《さいがい》のあった場所《ばしょ》や病院《びょういん》や老人《ろうじん》ホームなどにおみまいに行《い》きます。

プリンセスの理想《りそう》と現実《げんじつ》

みんなのあこがれ、プリンセス。じつは、王族《おうぞく》のむすめとしての決《き》まりごとがたくさんあって、とってもたいへんなんです。とあるプリンセスの理想《りそう》と現実《げんじつ》をくらべてみました。

現実《げんじつ》
あっ 王子様《おうじさま》!?♡
あーん、こっちの人《ひと》と話《はな》したいのに〜

パーティーでは、右側《みぎがわ》の人《ひと》から話《はな》す

現実《げんじつ》
わーい カニだあ〜♡
ダメです、具合《ぐあい》が悪《わる》くなります

カニやエビは食《た》べちゃダメ

プリンセスのおきて

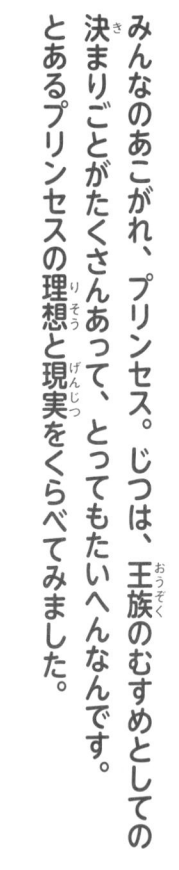

これらのルールはイギリス王室《おうしつ》に
じっさいにあるものです。

大統領《だいとうりょう》と首相《しゅしょう》って、なにがちがうの？

どちらもその国《くに》のトップをあらわす言葉《ことば》です。仕事《しごと》の役目《やくめ》は、国《くに》によってちがいますが、日本語《にほんご》の意味《いみ》を考《かんが》えると、こうなります。

大統領《だいとうりょう》

「統領《とうりょう》」は集団《しゅうだん》をまとめ、おさめる人《ひと》のこと。つまり大統領《だいとうりょう》は、国民《こくみん》の統領《とうりょう》、国民《こくみん》の代表《だいひょう》をつとめる人《ひと》、という意味《いみ》の言葉《ことば》です。

王《おう》さまのいない国《くに》では、国民《こくみん》が国《くに》をおさめるので、国民《こくみん》の代表《だいひょう》である大統領《だいとうりょう》がいろんなことを決《き》めています。

首相《しゅしょう》

大臣《だいじん》はむかし、王《おう》さまが政治《せいじ》をするのを助《たす》ける人《ひと》でした。今《いま》では、農業《のうぎょう》や経済《けいざい》、科学《かがく》、法律《ほうりつ》など、それぞれの政治《せいじ》部門《ぶもん》のトップを大臣《だいじん》といい、「首相《しゅしょう》」は大臣《だいじん》のなかでいちばんの地位《ちい》の人《ひと》、という意味《いみ》です。

日本《にほん》の首相《しゅしょう》は「内閣総理大臣《ないかくそうりだいじん》」ともよばれますが、「内閣《ないかく》」は大臣《だいじん》の集《あつ》まりのこと、「総理《そうり》」はすべてをひとつにして管理《かんり》するという意味《いみ》です。

ほかにもいろいろ！トップをあらわす言葉

国家主席《こっかしゅせき》

中国《ちゅうごく》、ベトナム、ラオスでは、大統領《だいとうりょう》のことをこうよびます。「主席《しゅせき》」とは、政府《せいじ》や団体《だんたい》をまとめる人《ひと》という意味《いみ》です。

最高指導者《さいこうしどうしゃ》

イランなどでは、イスラーム教《きょう》のいちばんえらい人《ひと》が「最高指導者《さいこうしどうしゃ》」として、国《くに》の代表《だいひょう》をつとめています。

大臣《だいじん》の中《なか》でいちばんエライです！
首相
大統領《だいとうりょう》と首相《しゅしょう》は、国《くに》によって両方《りょうほう》いたり、どちらかしかいなかったりします

安心《あんしん》してくらせない国《くに》があるの？

自分《じぶん》たちが今《いま》生《い》きていくだけでせいいっぱいだという国《くに》は、世界《せかい》にたくさんあります。なぜ、そんなことになるのでしょうか？　それにはこのようなりゆうがあります。

犯罪《はんざい》

殺人《さつじん》や強盗《ごうとう》やゆうかい、麻薬取引《まやくとりひき》などの事件《じけん》が、ひんぱんに起《お》きている国《くに》があります。

中米《ちゅうべい》にあるホンジュラスは、1年間《ねんかん》で7000人以上《にんいじょう》が殺《ころ》されたこともあり、世界《せかい》でいちばん殺人事件《さつじんじけん》が多《おお》い国《くに》のひとつです。

独裁《どくさい》

独裁《どくさい》とは「ひとりがなんでも決《き》めて、ほかの人《ひと》をしたがわせること」です。さからう人《ひと》、政府《せいふ》につごうの悪《わる》いことをテレビや新聞《しんぶん》でいう人《ひと》、国《くに》の外《そと》ににげようとする人《ひと》などは、つかまって死刑《しけい》になることもあります。エリトリアという国《くに》では大統領《だいとうりょう》が独《どく》裁《さい》をつづけています。

内戦《ないせん》

内戦《ないせん》では、同《おな》じ国《くに》のなかで、意見《いけん》のちがうグループどうしがあらそいます。
中東《ちゅうとう》にあるシリアでも、たくさんの人《ひと》が命《いのち》を落《お》とし、すむ場所《ばしょ》をうばわれています。

病気《びょうき》

ばい菌《きん》をやっつける力《ちから》が弱《よわ》まって、さまざまな病気《びょうき》にかかりやすくなってしまう、エイズという病気《びょうき》があります。アフリカの国《くに》だけで、毎年《まいとし》１００万《まん》人《にん》以上《いじょう》が、エイズで命《いのち》を落《お》としています。

戦争《せんそう》やまずしさなど、ほかの国《くに》から見《み》たらあぶないと思《おも》うことも、それぞれにふくざつなりゆうがあって、その国《くに》の人《ひと》にとってはやむをえなかった、という場合《ばあい》もあるのです。なかには国《くに》をすててにげていく「難民《なんみん》」とよばれる人《ひと》もいて、新《あら》たな問題《もんだい》になっています。

なぜ犯罪《はんざい》に？

中米《ちゅうべい》で起《お》きている殺人《さつじん》や強《ごう》盗事件《とうじけん》の多《おお》くは、「ギャング」というわかもののグループによるものです。

グループには、10才《さい》くらいの子《こ》どももいます。多《おお》くの子《こ》は、親《おや》がいなかったり、家《いえ》がとてもまずしかったりして、まともな教育《きょういく》を受《う》けられていません。

だから仕事《しごと》にもつけず、人《ひと》からお金《かね》をうばうことでしか、生《い》きていく方法《ほうほう》を知《し》らないのです。

なぜ独裁《どくさい》に？

エリトリアはエチオピアと30年《ねん》も戦争《せんそう》をしていました。

そしてようやく独立《どくりつ》。そのとき国《くに》をまとめたのが、独裁《どくさい》をしている今《いま》の大統《だいとう》領《りょう》です。

もともとこの国《くに》には、法《ほう》りつもなければ、政治家《せいじか》を決《き》めるための選挙《せんきょ》もありませんでした。だからひとりの大統領《だいとうりょう》が、あっとうてきな強《つよ》い力《ちから》で、国《くに》を動《うご》かしているのです。

なぜ内戦《ないせん》に？

シリアは40年以上《ねんいじょう》、一部《いちぶ》の人《ひと》たちだけが国《くに》を支配《しはい》してきました。

しかし2011年《ねん》に「こんなやり方《かた》はおかしい！」と声《こえ》をあげ、国《くに》を変《か》えようとする人《ひと》たちがあらわれます。

国《くに》の支配者《しはいしゃ》は軍隊《ぐんたい》を使《つか》って、こうした人《ひと》たちをこうげき。

すると国《くに》のいろいろな場所《ばしょ》で、軍隊《ぐんたい》とたたかうグループが生《う》まれ、ほかの国《くに》をまきこんだ戦争《せんそう》になってしまったのです。

なぜ病気《びょうき》に？

南《みなみ》アフリカでは、エイズになった男《おとこ》の人《ひと》が、女《おんな》の人《ひと》に無理《むり》やりらんぼうをして、病気《びょうき》をうつしてしまう事件《じけん》が多《おお》く起《お》きています。

また、エイズになっても、薬《くすり》が高《たか》すぎて買《か》えない人《ひと》も多《おお》く、どんどん病気《びょうき》が悪《わる》くなってしまうのです。

世界《せかい》を平和《へいわ》にするには、どうすればいい？

それは、とてもむずかしい問題《もんだい》です。

だから、みんなで考《かんが》えてみましょう。

まず世界平和《せかいへいわ》とはなんでしょう。人《ひと》によって答《こた》えはちがいますが、多《おお》くの人《ひと》が考《かんが》えるのは「あらそいをなくす」ということです。

でも、1945年《ねん》に第二次世界大戦《だいにじせかいたいせん》がおわってから、戦争《せんそう》をしなかった国《くに》はたったの8か国《こく》だけです。

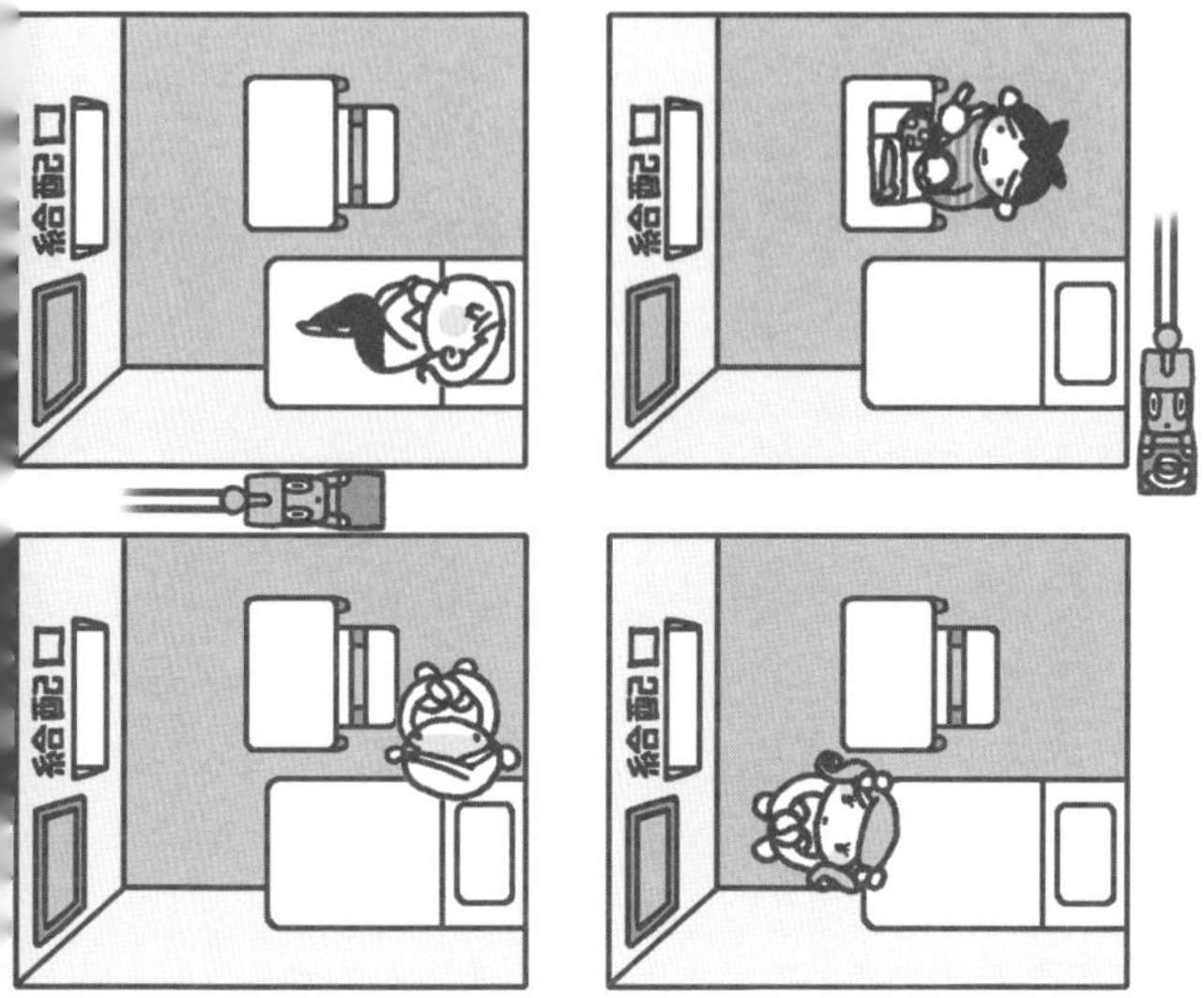

人間《にんげん》は６０００年《ねん》以上《いじょう》ずっと、あらそいをつづけてきた生《い》き物《もの》です。みんなだって、家族《かぞく》や友《とも》だちとけんかをすることがあるかもしれません。すべてのあらそいをなくすには、どうすればいいのでしょうか？

じつは、方法《ほうほう》がひとつあります。

それが、この絵《え》のような世界《せかい》をつくることです。こんなふうにすべての仕事《しごと》をロボットにまかせ、人間《にんげん》どうしがいっさい交流《こうりゅう》をしなければ、かくじつにあらそいはなくなります。

でもこんな世界《せかい》、いやですよね。

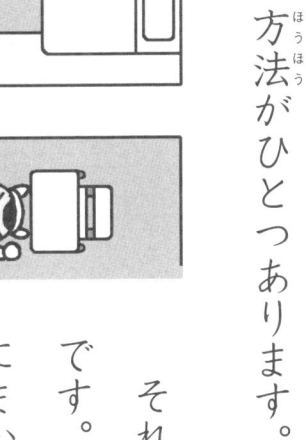

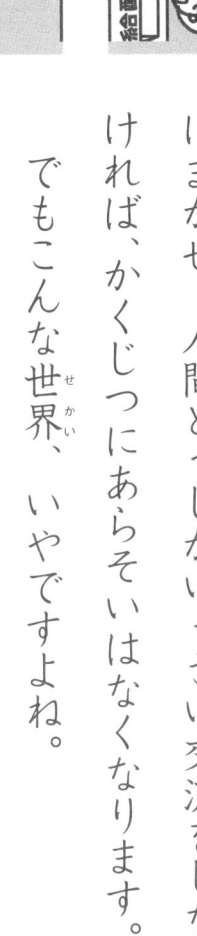

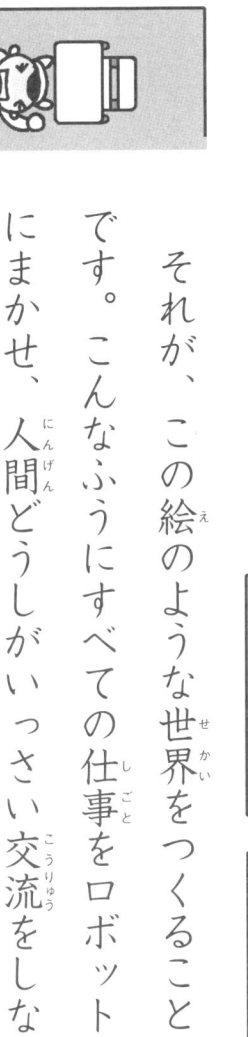

人《ひと》との競争《きょうそう》には、おたがいの力《ちから》を高《たか》めたり、心《こころ》を強《つよ》くしたり、もっと人《ひと》となかよくなったりできる面《めん》もあります。このため完全《かんぜん》にあらそいをなくすことはむずかしいです。

でも「武器《ぶき》などの力《ちから》を使《つか》ったあらそい」をへらすことなら、みんなにもできることがあります。

それは「自分《じぶん》のまわりの空気《くうき》」をよくしていくこと。じっさいに、「こうなったら、いいな」と多《おお》くの人《ひと》が思《おも》え

〇〇ニュース
おじいちゃんおばあちゃんとの心《こころ》の交流《こうりゅう》で平和《へいわ》な町《まち》に！
人《ひと》がへってしまった町《まち》の小学校《しょうがっこう》では、空《あ》いた教室《きょうしつ》で地元《じもと》のおとしよりと交流《こうりゅう》することをはじめました。すると、町《まち》では犯罪《はんざい》がへり、平和《へいわ》な町《まち》のうわさが広《ひろ》がって、この町《まち》にひっこしてくる人《ひと》、帰《かえ》ってくる人《ひと》がふえました。

る空気《くうき》をつくることで、人《ひと》を動《うご》かしたり、安全《あんぜん》がもたらされたり、あらそいをおわらせたりした、れきしもあるのです。

願《ねが》いがばくはつして国《くに》がひとつに！

第二次世界大戦後《だいにじせかいたいせんご》ドイツは東《ひがし》と西《にし》に国《くに》が分《わ》かれました。
しかし東《ひがし》ドイツの人《ひと》は、西《にし》へ行《い》くことをずっとねがっていました。
ある日《ひ》「東《ひがし》ドイツの人《ひと》も西《にし》へ行《い》ける」というまちがったニュースが流《なが》れると、人《ひと》びとは東西《とうざい》を分《わ》けていたかべをこわしました。
市民《しみん》の動《うご》きを国《くに》は止《と》められず、東《ひがし》ドイツと西《にし》ドイツはあらそいをやめて、ひとつの国《くに》になりました。

落書《らくが》き消《け》したら犯罪《はんざい》が減《へ》った！

アメリカのニューヨーク市《し》では、たくさんの犯罪《はんざい》が起《お》こり、地下鉄《ちかてつ》は落書《らくが》きだらけでした。

そこである日《ひ》、地下鉄《ちかてつ》の落書《らくが》きを消《け》しはじめました。

7年後《ねんご》、町《まち》がきれいになったおかげで、ニューヨークの犯罪率《はんざいりつ》はずいぶん下《さ》がりました。

自分《じぶん》たちの「やる気《き》」しだいで、自分《じぶん》たちの世界《せかい》は変《か》えられます。あらそいをはじめるのは人間《にんげん》ですが、それを止《と》められるのも人間《にんげん》だけなのです。

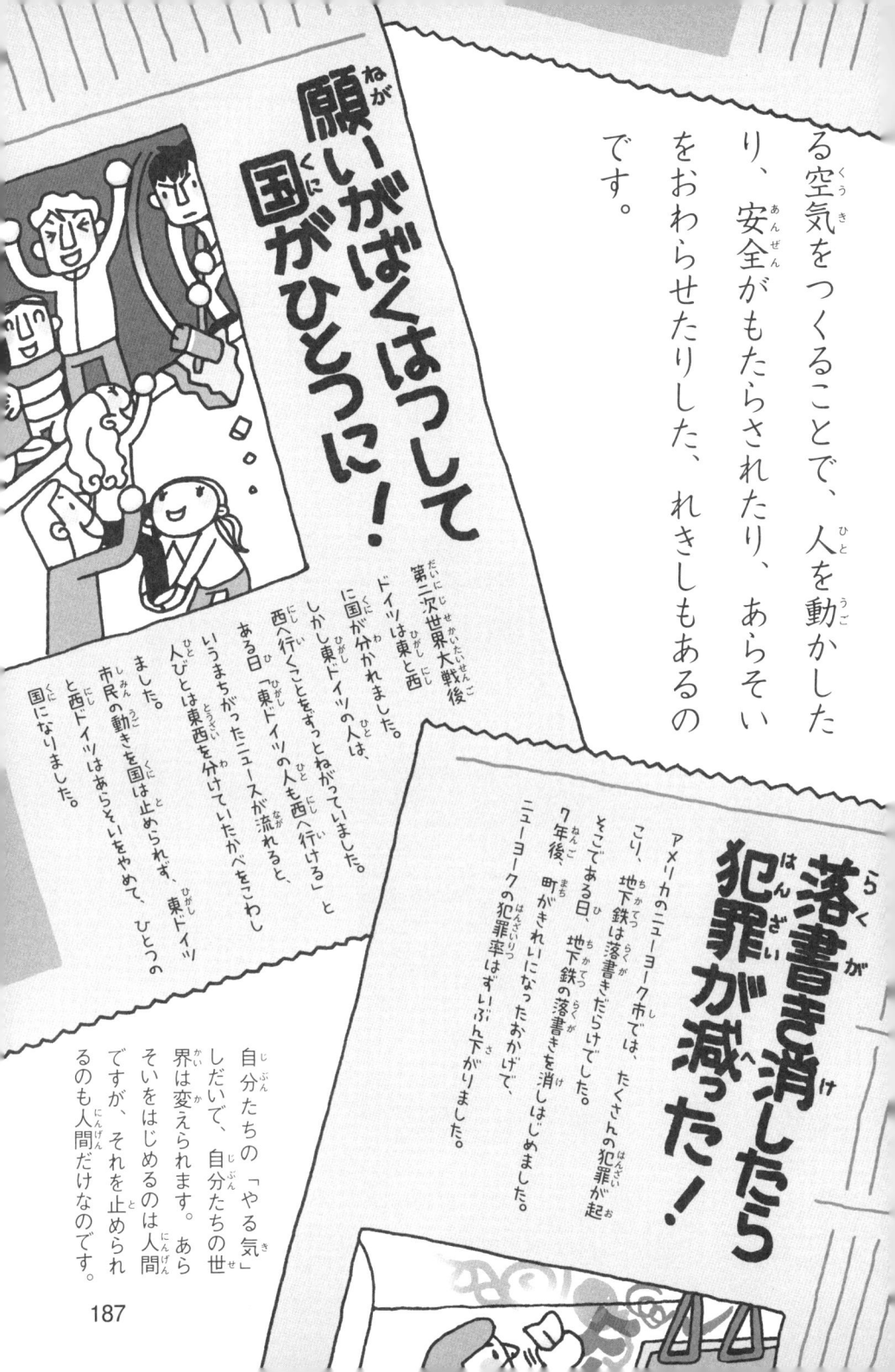

平和《へいわ》の
ふしぎ

未来《みらい》の世界《せかい》は、どうなるの?

こんな未来《みらい》になったらいいな、というものを
たくさん考《かんが》えてみてください。

それが、未来《みらい》です。

おうちの方へ

世界には、たくさんの国や地域があります。現在、国際連合に加盟している国は193か国に及びます。

しかし、小学校の生活科・社会科の授業は、身近な地域や日本について学ぶことが多く、世界の諸地域やそこに住む人びとについて学ぶ機会は、それほど多くありません。

世界には、どのような人がいて、どんな生活を送っているのか。どのような文化や宗教があるのか。どのような歴史をへて、現在の世界があるのか。なぜ今も世界各地で紛争や戦争が起きているのか。

グローバル化が進み、瞬時に世界が一つになる現在、世界の人びとの生活と文化を知り、世界の諸地域の過去の歴史を学び、広い視野をもって自分の頭で世界の問題を考えていく必要があります。

この本は、世界の人びとのくらしや習慣、地理と歴史から見た世界、宗教・政治・平和など、さまざまな視点で世界を学んで欲しいとの思いから制作しました。

差別や偏見は「無関心」や「知らない」ことから生まれます。この本を読んで、世界の多様性についてより深く考えていただきたいと思います。

筑波大学教授　伊藤純郎

参考文献

『世界の住まい大図鑑 地形・気候・文化がわかる』ＰＨＰ研究所
『国際理解に役立つ 世界の衣食住〈6〉アジア、アフリカの家』小峰書店
『国際理解に役立つ 世界の衣食住〈7〉ヨーロッパ、南北アメリカ、オセアニアの家』小峰書店
『国際理解に役立つ 世界の衣食住〈9〉アジアの民族衣装』小峰書店
『くらべてみよう！ 日本と世界のくらしと遊び』講談社
『世界の子どもの遊び 文化のちがいがよくわかる（楽しい調べ学習シリーズ）』ＰＨＰ研究所
『人が歩んだ５００万年の歴史〈2〉人のはじまり』岩波書店
『人が歩んだ５００万年の歴史〈3〉新しい人類の登場』岩波書店
『生命ふしぎ図鑑 人類の誕生と大移動 ２２００万日で世界をめぐる』西村書店
『それ日本と逆!? 文化のちがい習慣のちがい 第4巻 フムフム 人生のイベント』学研プラス
『それ日本と逆!? 文化のちがい習慣のちがい 第2期 第2巻 ペラペラ ことばとものの名前』学研プラス
『それ日本と逆!? 文化のちがい習慣のちがい 第2期 第4巻 ドキドキ お出かけ・乗りもの』学研プラス
『それ日本と逆!? 文化のちがい習慣のちがい 第2期 第5巻 ワイワイ 記念日とお祭り』学研プラス
『ラテン文字と世界の言葉（世界の文字と言葉入門16）』小峰書店
『世界のかわいい刺繍』誠文堂新光社
『ワールドスポーツ大事典（世界の国ぐにのいろんな競技） 新しいスポーツにチャレンジしよう！』ＰＨＰ研究所
『みんなのスポーツ大百科 世界のスポーツ１６０』ＢＬ出版
『ギネス世界記録２０１７』ＫＡＤＯＫＡＷＡ
『世界遺産学習事典（学研まんがＮＥＷ世界の歴史別巻）』学研プラス
『宇宙のなぜ？（ズバリ答えます！６００人の小学生からとどいたたくさんのなぜ？）』偕成社
『せいめいのれきし 改訂版』岩波書店
『地球・宇宙（新・ポケット版学研の図鑑）』学研教育出版
『池上彰監修！ 国際理解につながる宗教のこと ②宗教を知ろう』教育画劇
『国際理解を深める世界の宗教〈2〉キリスト教・ユダヤ教』ポプラ社
『国際理解を深める世界の宗教〈3〉イスラム教』ポプラ社
『国際理解を深める世界の宗教〈6〉世界のさまざまな宗教』ポプラ社
『国際理解を深めよう！ 世界の祭り大図鑑 知らない文化・伝統・行事もいっぱい』ＰＨＰ研究所
『シンデレラの謎 なぜ時代を超えて世界中に拡がったのか』河出書房新社
『カラー版 ママおはなしよんで 幼子に聞かせたいおやすみまえの３６５話』ナツメ社
『学研ミステリー百科５巻 世界の妖怪大百科』学研プラス
『大迫力！ 世界の妖怪大百科』西東社
『地図を作った人びと 古代から観測衛星最前線にいたる地図製作の歴史』河出書房新社
『学研まんが世界の歴史 1巻 1古代文明のおこりとピラミッドにねむる王たち』学研プラス

監修者
伊藤純郎　いとう じゅんろう
筑波大学大学院人文社会系歴史・人類学専攻長、教授。1957年、長野県生まれ。茗渓学園中学・高等学校教諭、筑波大学助教授を経て、現職。専門は日本近現代史・歴史教育学。著書・監修書に『たのしく読める　日本のすごい歴史人物伝』『たのしく読める　世界のすごい歴史人物伝』（高橋書店）などがある。

協力　川崎大輔・滝沢康紀・宮崎尚・渡邊優輔

世界のふしぎ　なぜ？ どうして？

監修者　伊藤純郎
発行者　高橋秀雄
編集者　外岩戸春香
発行所　**株式会社 高橋書店**
〒170-6014 東京都豊島区東池袋3-1-1 サンシャイン60 14階
電話　03-5957-7103

ISBN978-4-471-10353-8　©TAKAHASHI SHOTEN　Printed in Japan

定価はカバーに表示してあります。

本書の内容についてのご質問は「書名、質問事項（ページ、内容）、お客様のご連絡先」を明記のうえ、郵送、FAX、ホームページお問い合わせフォームから小社へお送りください。
回答にはお時間をいただく場合がございます。また、電話によるお問い合わせ、本書の内容を超えたご質問にはお答えできませんので、ご了承ください。本書に関する正誤等の情報は、小社ホームページもご参照ください。

【内容についての問い合わせ先】
書　面　〒170-6014 東京都豊島区東池袋3-1-1 サンシャイン60 14階　高橋書店編集部
F A X　03-5957-7079
メール　小社ホームページお問い合わせフォームから　(https://www.takahashishoten.co.jp/)

【不良品についての問い合わせ先】
ページの順序間違い・抜けなど物理的欠陥がございましたら、電話03-5957-7076へお問い合わせください。
ただし、古書店等で購入・入手された商品の交換には一切応じられません。